75 ARCHITECTES POUR UN MONDE DURABLE

Retrouvez-nous sur :
editionsdelamartiniere.fr
Facebook : @editionsdelamartiniere.arts
Instagram : @lamartiniere.arts

Agata Toromanoff

75 ARCHITECTES POUR UN MONDE DURABLE

Préface de
Dimitri Roussel

Éditions
de La Martinière

RETOUR AUX SOURCES
Dimitri Roussel – DREAM

Les épidémies, le climat et l'énergie ont façonné la ville et les bâtiments de tout temps, comme nous le rappelle si bien Philippe Rahm dans son *Histoire naturelle de l'architecture*[1].

Depuis l'après-guerre, les avancées en médecine et en technologie ont éloigné les architectes des problématiques de santé et d'environnement, au profit de considérations sociales et culturelles. Ces dernières décennies, une « architecture internationale » a émergé, caractérisée par un dessin universel et portée par des « starchitectes ». Cette approche a mis l'accent sur une esthétique libérée de contraintes environnementales, souvent associée à la grande souplesse du béton et à la performance du métal, au nom d'une liberté formelle totale.

Partant de l'idée louable de garantir le confort pour tous, les progrès technologiques qui ont généralisé le chauffage, la climatisation et la ventilation mécanique ont désormais des conséquences désastreuses sur la facture climatique de nos villes.

À l'ère de l'Anthropocène et de la crise environnementale, le paradigme a radicalement changé depuis le début du XXIe siècle, interrogeant l'acte même de construire. Il est désormais nécessaire de considérer la construction comme une option de dernier recours, devant faire appel à un certain radicalisme en termes d'exemplarité environnementale, sans jamais sacrifier son rôle social.

75 architectes pour un monde durable ouvre une fenêtre sur une approche radicalement différente de la construction et montre la voie vers des bâtiments « postcarbone », dont la conception privilégie la prise en compte des ressources locales en termes de matériaux et de savoir-faire. Les projets présentés renouent avec des valeurs élémentaires et s'inscrivent dans des filières alternatives, telles que la terre, la pierre, le bois, la paille ou encore le réemploi de matériaux.

De la poésie vernaculaire de Francis Kéré à l'élasticité surprenante des réalisations en bambou d'IBUKU, en passant par la liberté formelle des délicates constructions en terre imprimée de Mario Cucinella, l'ouvrage d'Agata Toromanoff illustre parfaitement cette nouvelle voie. La nature et l'architecture y retrouvent une harmonie, pour le plus grand plaisir des usagers et pour la fraîcheur de nos villes, comme en témoignent les conceptions de Sou Fujimoto ou de Vo Trong Nghia.

Ces projets démontrent que la décarbonation des constructions et la renaturation de nos villes n'altèrent en rien la force narrative de l'architecture, bien au contraire. Ces réalisations protéiformes car « régionalisées » incarnent l'espoir et sont la preuve que l'architecture peut à la fois apporter des solutions concrètes à la crise climatique et surprendre par une créativité sans cesse renouvelée.

Il est temps de sortir des filières dominantes du béton et du métal pour réactiver les filières vernaculaires. L'architecte doit se réapproprier les expertises nécessaires pour utiliser des matériaux biosourcés et géosourcés, comme il l'a toujours fait par le passé.

1. Paris, Pavillon de l'Arsenal, 2020 ; rééd. Paris, Points, coll. « Histoire », 2023.

Sommaire

INTÉGRER LA NATURE 132

RÉINVENTER EN TRANSFORMANT 194

L'ARCHITECTURE DE DEMAIN 232

L'ARCHITECTURE DES POSSIBLES

Agata Toromanoff

Dans les débats qui agitent l'architecture de nos jours, l'expression « développement durable » est la plus répandue tout en étant la moins bien comprise. Pourtant, c'est une notion essentielle pour l'avenir de la discipline, et tous les changements actuels conduisent à en faire un concept incontournable. L'urgence est bien là : selon l'organisation non gouvernementale World Resources Institute, l'industrie du bâtiment est responsable de près de 40 % des émissions de carbone dans le monde. À cela s'ajoutent le dérèglement climatique, la récurrence de phénomènes météorologiques extrêmes, la pollution et la croissance exponentielle de la population mondiale… On ne peut plus tergiverser. Une transition rapide vers des méthodes de construction durables, le recours à des ressources renouvelables et un impact nettement amoindri des édifices sur l'environnement ne sont plus des choix philosophiques mais une nécessité vitale. Certains progrès techniques et technologiques aux conséquences parfois néfastes, des comportements consuméristes effrénés et l'insatiable quête de confort ont joué un rôle majeur dans la catastrophe environnementale que nous vivons. Les architectes ont désormais le pouvoir et la responsabilité d'opter pour des matériaux et des solutions écoresponsables qui atténueront les effets du bâti sur notre planète. Quels sont les meilleurs moyens de construire et de rénover de manière durable, en limitant la pollution engendrée par la fabrication de matériaux et par les chantiers ? Des alternatives existent, auxquelles plusieurs architectes recourent avec succès depuis plus d'une décennie. Il s'agit maintenant de faire bouger les mentalités afin que l'ensemble des acteurs de la chaîne du bâtiment aient conscience que la vraie valeur de l'architecture réside dans sa capacité à concevoir des édifices à faible empreinte carbone, évolutifs et construits autant que possible avec des matériaux biosourcés. Il n'y a pas de solution miracle, mais si les architectes intègrent à leur mode de pensée l'impératif de durabilité, au même titre que l'attention au contexte, la fonctionnalité, le respect des traditions locales ou l'esthétique, le point d'inflexion vers une architecture décarbonée sera rapidement atteint. Une approche holistique du développement durable, qui en suivrait les principes à chaque étape de la planification et de la construction, serait d'un grand bénéfice pour la nature, très dégradée en ce début de XXIe siècle. Dans *Architecture of Defeat* (2019), Kengo Kuma note que l'architecture recouvre tant d'aspects négatifs qu'il serait presque légitime de détester cette discipline. « Les bâtiments sont les plus grandes choses avec lesquelles nous sommes en relation tous les jours », et pourtant, leur construction suppose « un usage démesuré de matériaux », sans compter qu'il « n'est pas simple de transformer ou de démolir un immeuble une fois qu'il est bâti ». Heureusement, l'architecture est aujourd'hui en pleine mutation. L'espoir formulé par Kengo Kuma d'édifices en accord avec leur environnement et constitués de matériaux simples, issus de ressources locales ou recyclés, prend enfin forme. Les architectes conçoivent désormais des projets qui répondent de façon adéquate aux changements attendus. Les solutions qu'ils proposent s'imposeront tôt ou tard comme des normes à respecter pour l'avenir de la planète.

Six chapitres composent cet ouvrage dédié à l'architecture durable. Le premier met en avant les matériaux écologiques, notamment le bois, le pisé ou la terre crue, le carton et le liège, dont les qualités, connues depuis des siècles, méritaient d'être redécouvertes à la lumière des progrès technologiques actuels. Les architectes privilégient souvent les ressources naturelles et renouvelables, disponibles sur place, afin de réduire la pollution due au transport routier, ainsi que les systèmes d'assemblage simples qui limitent la durée des chantiers.

Le deuxième chapitre, consacré aux solutions innovantes, présente l'état actuel des recherches et les dernières inventions en matière d'architecture durable. L'innovation reste en effet dans de nombreux cas la meilleure façon de résoudre des problèmes complexes du monde moderne. Face aux turbulences climatiques, météorologiques et démographiques de notre époque, les architectes s'attachent à repenser le développement des villes et à proposer des alternatives susceptibles d'être mises en œuvre partout, comme l'emploi de matériaux recyclés, la modularité des espaces ou l'engagement en faveur d'une responsabilité sociale. Souvent opposées dans nos schémas de pensée, l'architecture et la nature sont vouées à se rapprocher et à coexister en harmonie. C'est le thème du troisième chapitre, qui rappelle que les architectes se sont toujours inspirés de la nature, tant dans le choix des formes que par l'application de solutions pratiques provenant du monde organique. Les pistes sont nombreuses, d'une meilleure intégration des immeubles dans l'environnement naturel à une végétalisation de la structure des édifices afin de réguler les variations de température en milieu urbain. Réhabiliter et reconvertir des bâtiments désaffectés plutôt que de les détruire est une idée qui fait son chemin. Les exemples choisis pour l'illustrer dans le quatrième chapitre, qui mettent en avant le principe de l'économie circulaire, en montrent la pertinence. Les architectes n'hésitent pas à pousser la logique plus loin en transformant des éléments d'anciens édifices pour les réemployer dans de nouveaux projets ou en utilisant des briques fabriquées à partir de gravats. Certaines solutions sont encore en phase d'expérimentation, mais l'objectif est de pouvoir construire uniquement à partir de matériaux recyclés.

Les projets prospectifs sont réunis dans le dernier chapitre, dédié aux visions d'avenir. Certains, en attente d'une possible réalisation, sont encore à l'état de maquettes et de plans ; d'autres sont déjà en chantier. Il s'agit ici de montrer que la transition vers une architecture durable est un phénomène dynamique induisant, à terme, un cycle vertueux.

Malgré le foisonnement de nouvelles idées et l'adhésion d'un nombre toujours croissant d'architectes au concept de développement durable, j'admets volontiers que les projets sélectionnés peuvent comporter des failles. En effet, le milieu de l'architecture et les industries du bâtiment doivent redoubler d'efforts et agir vite pour limiter les effets néfastes de la construction. Aucune agence ne peut aujourd'hui prétendre à un label « 100 % durable », même si certaines sont plus avancées que d'autres dans ce domaine. Il reste encore beaucoup à imaginer, à tester et à mettre en œuvre. Bien que la route soit longue, il faut souligner les mérites des pionniers d'une architecture nouvelle dont les premières réussites sont, reconnaissons-le, très encourageantes. J'aimerais que ce livre participe d'une prise de conscience par les professionnels, les étudiants et les amateurs d'architecture de toutes les possibilités qui s'offrent à eux, et les incite à s'engager sur la bonne voie. La transition vers une architecture écoresponsable est complexe, plus lente qu'attendu, au point de susciter parfois de la déception ou de la lassitude, mais les fondations sont posées et le grand chantier ne fait que commencer. Les projets fascinants décrits dans les pages suivantes en sont la meilleure preuve. L'écriture de cet ouvrage a été une expérience exceptionnelle, très enrichissante, qui m'a permis de saisir les enjeux et les défis à venir. Ayant constaté avec effroi l'ampleur des dégâts causés par l'industrie du bâtiment sur la nature, mes recherches, des conversations avec divers architectes et la découverte de projets franchement originaux m'ont redonné espoir.

Je tiens à remercier l'ensemble des architectes qui ont accepté de participer à l'élaboration de ce livre. Le titre mentionne « 75 architectes », mais si l'on prend en compte toutes les personnes travaillant dans les agences, ce sont en fait des milliers de voix qui s'élèvent pour imaginer un avenir plus respectueux de l'environnement. J'ai apprécié le temps que vous avez bien voulu m'accorder pour échanger sur vos projets, partager vos connaissances et vos rêves. La voie qui nous mène à une architecture durable est longue et ardue ; néanmoins, le chemin parcouru ces dernières années nous donne de bonnes raisons de rester optimistes et motivés dans la recherche de solutions inédites. Si les projets retenus pour cet ouvrage sont classés selon des catégories définies par l'intitulé des chapitres afin de mettre en avant tel ou tel aspect de la question, ils sont tous, au-delà de leurs particularités décrites dans le texte, respectueux de l'environnement. Pour construire un bâtiment conforme aux principes du développement durable, seule une démarche holistique, appliquée à toutes les étapes et composantes du projet, est viable.

Enfin, j'aimerais dédier ce livre à mes deux filles bien aimées, Émilie (7 ans) et Mathilde (1 an). J'espère que tous les modèles d'architecture durable qui y sont présentés serviront d'exemple à de jeunes créateurs aux yeux desquels la construction écoresponsable apparaîtra comme une évidence. Je suis certaine que, dans un avenir proche, les paramètres du développement durable feront partie intégrante du processus de conception et seront au cœur de la discipline. Les générations à venir méritent une planète plus saine et plus verte.

MATÉRIAUX DURABLES

Le bambou, le liège, la paille, la terre crue et le bois comptent parmi les matériaux durables les plus utilisés de nos jours en architecture. Leurs qualités isolantes permettent de réduire les déperditions de chaleur sans cependant restreindre la circulation de l'air. Les matières dont ils sont issus sont renouvelables, naturelles et disponibles localement, ce qui contribue non seulement à limiter la pollution liée aux transports, mais aussi, dans certains cas, à mieux maîtriser la consommation d'énergie nécessaire à leur extraction. Le recours à ces matériaux facilite la réalisation de chantiers dans des régions difficiles d'accès sans pour autant endommager la nature. Dans un contexte urbain, ils tranchent par leur originalité face à un béton souvent omniprésent. Bien adaptés à tous les aléas climatiques, ils produisent peu de déchets. Leur usage croissant dans le domaine de la construction montre que les normes de qualité évoluent dans le sens d'un futur durable. Ces matériaux sont pour la plupart connus depuis des siècles, même s'ils ont été fréquemment associés, à tort, à des formes rudimentaires d'architecture. Les employer constitue pourtant l'une des solutions simples et pratiques pour alléger l'impact carbone de l'industrie du bâtiment, responsable à elle seule de 40 % des émissions globales. Partout dans le monde, des architectes puisent dans les techniques traditionnelles pour réaliser leurs projets et créer un pont entre le passé et le présent. Des matériaux naturels et renouvelables exploités à bon escient donnent aux édifices d'aujourd'hui un supplément d'âme qui n'enlève rien à leur aspect contemporain ni à leur esthétique. Les nombreux exemples présentés dans ce chapitre laissent entrevoir un avenir où les matériaux de construction proviendront essentiellement d'éléments recyclés ou de matières naturelles. Absorbant davantage de dioxyde de carbone que leur production n'en aura nécessité, ils participeront également à la dynamique du réemploi.

Anna Heringer

« Grâce à leur procédé de fabrication, qui n'a aucune incidence sur le climat, et à leur usage pour des constructions à vocation sociale, les structures en terre crue contribuent à atténuer deux des principaux fléaux de notre époque : le changement climatique et la pauvreté. »

Campus de formation et d'éducation, Tantale, Ghana (en cours de construction)

Le parcours professionnel d'Anna Heringer l'a amenée à se spécialiser dans les bâtiments construits uniquement avec des matériaux naturels, disponibles sur place et façonnés par une main-d'œuvre locale : une contrainte imposée par les lieux où elle a l'habitude de travailler. Inspirée par une année de bénévolat au Bangladesh, il y a plus de vingt ans, l'architecte a adopté une approche holistique du développement durable. Elle conçoit tous ses édifices en harmonie avec leur contexte et leurs futurs occupants, que ce soit du point de vue des techniques de construction ou dans le choix des matériaux. Professeure honoraire de la chaire d'architecture en terre, des cultures constructives et du développement durable de l'Unesco, Anna Heringer ne considère pas simplement l'architecture comme un moyen d'améliorer les conditions de vie, mais également comme une discipline qui offre des solutions novatrices pour un changement à long terme. Elle s'est fait connaître grâce à ses constructions en terre crue, un matériau naturel à la fois abondant, sain et durable. Les murs en terre sont particulièrement solides et résistants aux variations climatiques extrêmes. Ils vieillissent naturellement et sont faciles à entretenir. Les artisans locaux qui interviennent sur les chantiers d'Anna Heringer se forment aux techniques de base et se familiarisent avec la structure du bâtiment, ce qui leur permet, ultérieurement, de le maintenir en état et, le cas échéant, de le réparer. Cette implication est essentielle aux yeux de l'architecte. En prenant en compte les spécificités de l'endroit où ils s'inscrivent, ses édifices innovants et harmonieux bénéficient aux habitants et à l'environnement, fidèles en cela à sa devise : « L'architecture est un instrument qui sert à améliorer le mode de vie. »

Campus de formation et d'éducation, Tantale, Ghana (en cours de construction)

La terre crue, matériau de qualité pour des structures à grande échelle

Le recours aux techniques traditionnelles de construction, un ancrage dans le savoir-faire ancestral et dans la culture du pays sont les éléments communs à tous les projets d'Anna Heringer. S'efforçant de refléter les spécificités locales, elle arrime ses bâtiments, par leur forme et leur style, dans l'identité culturelle du lieu. Sa plus grande réussite tient cependant à l'utilisation de matériaux naturels largement disponibles, comme la terre crue, et au développement de procédés architecturaux appropriés. L'architecte a clairement contribué à la redécouverte de la terre crue comme matériau et en a démontré les qualités exceptionnelles. Si sa mise en œuvre requiert beaucoup de temps et une main-d'œuvre nombreuse, la terre ne nécessite en revanche aucun équipement lourd. Les structures façonnées à la main sont, dans certains cas, complétées par des éléments préfabriqués dans la même matière. D'un point de vue structurel, la terre crue est extrêmement performante, y compris pour des édifices à grande échelle comme les écoles. Elle s'adapte parfaitement aux conditions climatiques extrêmes et offre une protection efficace contre les rayons du soleil. Anna Heringer tire aussi parti des atouts esthétiques de la terre, dont les différentes teintes et textures créent un cadre apaisant.

ANNA HERINGER

L'architecte allemande Anna Heringer a mis le développement durable au cœur de son travail. Après un stage d'une année effectué au Bangladesh alors qu'elle avait 19 ans, elle s'est attachée à réaliser tous ses projets à l'aide de ressources naturelles facilement accessibles.

Avec Martin Rauch, elle a mis au point la méthode du *clay storming*, qui allie la malléabilité de la glaise à l'intuition créatrice de l'utilisateur. Auteure de nombreux édifices en terre crue en Afrique, en Asie et en Europe, Anna Heringer enseigne et donne des conférences dans plusieurs universités à travers le monde.

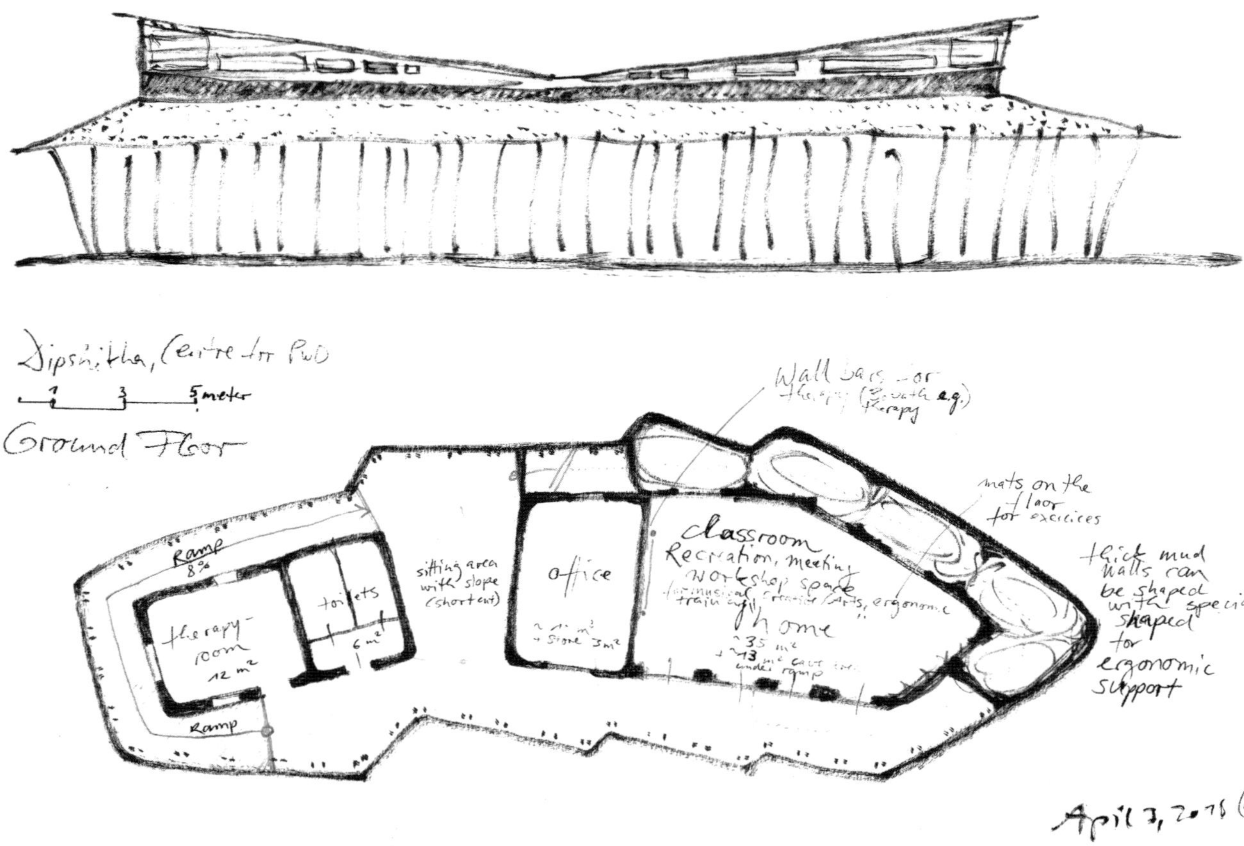

Centre Anandaloy, Rudrapur, Bangladesh, 2020

Centre Anandaloy, Rudrapur, Bangladesh, 2020

Au Bangladesh, le Centre Anandaloy pour personnes en situation de handicap a été construit en torchis, une variante de la terre crue qui marie argile et fibres végétales. Peu onéreux et convenant à un climat chaud, ce matériau composite permet de façonner les murs plus facilement, qu'ils soient courbes ou droits. Élégamment associés aux piliers en bambou et à la toiture de l'édifice, les volumes en torchis sont agréables au regard et parfaitement fonctionnels. La rampe qui entoure le bâtiment et facilite son accès pour tous en fait un symbole d'inclusion. Conçu dans le respect de l'identité des populations et de la culture ancestrale, et s'inspirant des traditions architecturales du Ghana, le Campus de formation et d'éducation en cours de construction à Tatale sera constitué d'un chapelet d'écoles destinées à ralentir l'exode rural et la migration vers les mégapoles. Les matériaux locaux, disponibles gratuitement, en premier lieu la glaise, sont au fondement de ce projet.

Shigeru Ban

« Mes projets visent toujours à résoudre des problèmes. »

Cathédrale en carton, Christchurch, Nouvelle-Zélande, 2013

En parallèle de sa carrière d'architecte mondialement connu et de projets prestigieux qui ont fait sa réputation, Shigeru Ban consacre une grande partie de son temps à concevoir des abris pour les victimes de sinistres et de catastrophes. Trouver une solution d'hébergement d'urgence pour les personnes obligées de fuir leur domicile à la suite d'un désastre naturel ou d'un conflit armé est un défi particulièrement difficile à relever. Il faut non seulement que les abris soient faciles à construire et d'un coût abordable, mais également qu'ils procurent aux réfugiés un sentiment de sécurité et de stabilité. Ban ajoute deux critères supplémentaires à ces exigences de base : les constructions se doivent aussi d'être durables et esthétiquement attrayantes. Fervent adepte de l'usage du bois en architecture, matériau toujours renouvelable et agréable à l'œil, l'architecte japonais a en outre inventé un système révolutionnaire de construction à partir de tubes en papier ou en carton. Ban les a d'abord utilisés pour décorer les intérieurs d'espaces témoins, mais ses compétences en ingénierie structurelle l'ont incité à les perfectionner afin de leur faire supporter le poids d'un bâtiment à grande échelle.

Pour démontrer que la solidité d'un édifice ne dépend pas de celle des matériaux, il a élaboré, en 1995, la Paper House («Maison de papier»), une résidence de week-end au bord du lac Yamanaka. La centaine de tubes en papier qui la constitue forme une jolie colonnade curviligne. La structure entière a été homologuée, et cette réussite a servi de point de départ à d'autres expériences architecturales téméraires mais tout autant couronnées de succès.

Ban se rend régulièrement sur les lieux de catastrophes aux quatre coins du globe et met son expertise au service des populations sinistrées en apportant des solutions adaptées au contexte local. Près de trente ans d'expérience dans le domaine de l'architecture d'urgence lui ont permis d'affiner ses techniques de construction, mais les tubes en carton et en papier restent au cœur des structures qu'il crée.

SHIGERU BAN

Joueur amateur de rugby, l'architecte japonais Shigeru Ban souhaitait initialement devenir charpentier, mais il a finalement effectué des études d'architecture au Southern California Institute of Architecture, à Los Angeles, puis à la Cooper Union, à New York, entre 1977 et 1984. Avant d'ouvrir sa propre agence en 1985, il a travaillé dans celle d'Arata Isozaki à Tokyo. Lors d'une visite en Europe, les œuvres de l'architecte finlandais Alvar Aalto l'ont beaucoup marqué. Parmi les réalisations de Shigeru Ban figurent aussi bien des édifices de grand standing que des abris pour les victimes de catastrophes. Son système d'architecture tubulaire en papier ou carton a permis de loger des réfugiés partout dans le monde. Son engagement en faveur des matériaux naturels et sa vision originale de l'architecture lui ont valu de recevoir le Pritzker Prize en 2014.

Salle de concert en papier, L'Aquila, Italie, 2011

Pavillon japonais de l'Expo 2000, Hanovre, Allemagne, 2000

La philosophie du «zéro déchet»

Autrefois utilisés uniquement pour couler des colonnes en béton, les tubes en carton sont devenus des éléments de construction durables aussi faciles à assembler qu'à démonter. L'objectif affiché par Shigeru Ban est de recourir à des solutions structurelles qui ne créent pas de déchets. Le papier et le carton sont des matériaux ordinaires, bon marché et recyclables à 100 %. La légèreté des tubes limite le besoin de fondations. De plus, câbles électriques et tuyauterie se glissent aisément à l'intérieur. La coque incurvée de ces tubes leur confère des propriétés acoustiques remarquables. Enfin, couplées à des solutions d'isolation thermique, ces structures ont montré leur résistance aux conditions climatiques les plus défavorables. Bâtie en 2011 après un tremblement de terre de forte magnitude survenu à L'Aquila (Italie) en avril 2009, la Salle de concert en papier est un édifice complexe qui démontre la stabilité des structures en carton. Les qualités acoustiques du matériau ont joué un rôle clé dans ce choix. La Cathédrale en carton de Christchurch, en Nouvelle-Zélande, a été érigée en 2013 à la place d'un ancien lieu de culte détruit par un séisme dévastateur en 2011. Elle peut accueillir 700 personnes, et ses formes ont été inspirées par le plan et l'élévation de l'église d'origine. L'architecte a utilisé des tubes en carton particulièrement longs et solides. Shigeru Ban a également conçu le Pavillon japonais pour l'Expo 2000 à Hanovre (Allemagne) dans un souci de durabilité : tous ses éléments étaient recyclables et réutilisables. Les tubes en papier s'entrelaçaient délicatement pour dessiner un tunnel en arc de cercle majestueux et léger. Assemblée à l'aide de bandes de tissu, renforcée par des échelles en bois courbes, la structure était recouverte d'une membrane en papier translucide, néanmoins résistante au feu et à l'eau. Ce Pavillon a impressionné les visiteurs de l'Expo 2000 par ses dimensions et sa luminosité.

Mario Cucinella

« Nous aimerions voir en TECLA le début d'une nouvelle histoire. Ce serait vraiment extraordinaire de façonner l'avenir en transformant de la terre crue, un matériau abondant et ancien, avec les technologies dont nous disposons aujourd'hui. »

Mario Cucinella décrit la maison TECLA comme « le résultat d'une prouesse technique et matérielle ; l'approche n'était pas simplement esthétique. C'est une forme honnête et authentique. » Le prototype TECLA – pour Technology et Clay (« argile » en anglais) – est le fruit des expériences sur l'éco-durabilité menées par l'unité de recherche et développement de l'agence, associée à la School of Sustainability (SOS). Cucinella a fait appel à la marque italienne WASP, leader en matière d'imprimantes et de logiciels 3D, pour réaliser ce projet très innovant et soigneusement élaboré. 200 heures d'impression en 3D ont suffi pour construire le prototype aux formes originales de cette maison en terre crue (dans le cas présent, le matériau provient du site même du chantier). Les contours de la maison ont été dessinés de façon qu'elle s'intègre harmonieusement dans le paysage environnant. L'équipe a imaginé plusieurs options qui s'adaptaient parfaitement au climat et à la latitude. À ces contraintes bioclimatiques s'est ajouté le désir de recourir à des matériaux naturels et disponibles sur place. Les technologies modernes ont permis d'édifier un bâtiment à la fois résistant aux aléas du climat et thermiquement performant (l'isolation et la ventilation sont facilement modulables selon les besoins).

Des murs incurvés qui donnent au projet l'allure d'un cocon organique

Les considérations pratiques n'ont pas restreint les choix esthétiques. La silhouette fluide et toute en rondeurs s'allie à la texture dense pour constituer un habitat chaleureux qui donne une sensation de naturel. L'architecte explique que « la forme atypique de la maison, de sa géométrie aux crêtes extérieures, a garanti son équilibre structurel, tant durant la phase d'édification de la coque que lors de la mise en place de la couverture. Il y a une cohérence entre la silhouette du bâtiment et sa nature organique. » Fait d'un mélange à base d'argile, le prototype de TECLA présente un bilan carbone proche de zéro à la construction, avec très peu de déchets. Constituée de deux éléments en forme de dômes réunis par des lignes qui fusionnent, la maison comprend trois ouvertures qui sont autant de sources de lumière naturelle : une large porte d'entrée et une lucarne circulaire au sommet de chaque dôme. Le premier élément accueille un salon et une cuisine ouverte, tandis que l'autre est dédié aux espaces de repos. Le chantier a nécessité une imprimante 3D munie de deux bras, contrôlés par un programme anticollision, pour édifier simultanément les deux éléments. Certaines parties du mobilier, intégrées aux murs de la demeure, ont été imprimées dans le même matériau à base d'argile. Conçus pour être recyclables ou réutilisables, ces meubles reflètent la philosophie de vie circulaire que défend l'architecte. Laissée apparente tant à l'extérieur qu'à l'intérieur, la texture naturelle des murs met en valeur le matériau brut et ses qualités esthétiques.

MARIO CUCINELLA

L'architecte italien Mario Cucinella a ouvert sa première agence à Paris en 1992, suivie d'une autre à Bologne en 1999 (depuis lors transférée à Milan). « Nous concevons et bâtissons des projets qui incarnent un certain modèle de qualité architecturale en termes de développement durable, d'éthique et d'impact social positif, grâce à des recherches poussées et à l'emploi de technologies innovantes », explique l'architecte. Les études sur la durabilité sont menées dans une perspective holistique et en tenant compte des effets du changement climatique. Cucinella recourt par ailleurs aux dernières avancées technologiques pour atteindre les objectifs environnementaux fixés par les instances européennes à l'horizon 2030.

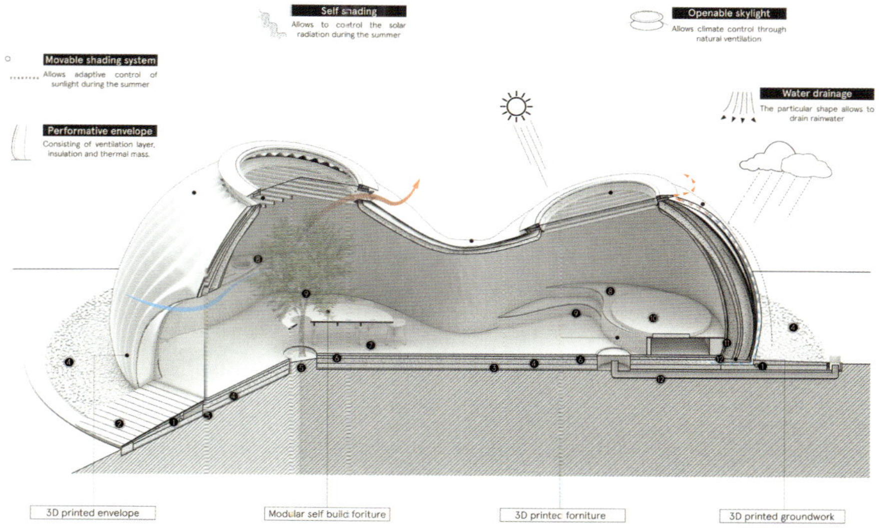

Henning Larsen

« Conçu pour la génération qui subit de plein fouet le dérèglement climatique, le nouveau bâtiment de l'école, construit en bois et en paille, offre une solution évolutive afin de stocker le carbone. C'est un modèle universel d'éco-innovation. »

Connus pour leur engagement en faveur du développement durable, les architectes de l'agence Henning Larsen ont identifié quatre principes au fondement de leurs réalisations : décarboner jusqu'à atteindre l'objectif zéro émission afin de réduire efficacement l'impact du bâti sur l'environnement ; mettre en avant la biodiversité et les écosystèmes naturels et intégrer la végétation à l'architecture ; utiliser les ressources et les schémas de l'économie circulaire pour limiter les déchets ; concevoir dans un esprit de résilience et privilégier le confort. Les architectes de l'agence considèrent l'extension de l'école Feldballe, au Danemark, comme leur projet le plus accompli à ce jour. Adjacent à la communauté écologique Friland, le bâtiment est en tout cas celui qui a la plus faible empreinte carbone. Destiné à la génération qui sera amenée à agir contre les effets du dérèglement climatique, le bâtiment se devait de refléter, dans sa conception, cette raison d'être.

Sans faire de compromis sur l'esthétique ni sur la qualité de la construction, l'équipe de Henning Larsen a opté pour des matériaux biosourcés qui absorbent naturellement le CO_2 et le stockent grâce à leur structure capable de séquester le carbone. Dépourvus d'élément toxique et ignifuges, ces matériaux permettent une isolation efficace et créent un cadre intérieur agréable. Les murs, réalisés en partenariat avec EcoCocon, sont constitués de panneaux de paille comprimée insérés dans une ossature en bois, puis recouverts d'argile. Le toit du bâtiment est également en bois, produit localement et certifié. Pour la ventilation, les architectes ont eu recours à une herbacée marine, la zostère. Tandis que la paille comprimée élimine l'humidité, la zostère filtre l'air, assurant ainsi une aération naturelle. Ces deux matériaux, issus de ressources naturelles faciles à se procurer, constituent de parfaites alternatives aux nouveaux produits industriels. La pollution causée par l'industrie du bâtiment en est d'autant réduite.

École Feldballe, Rønde, Danemark, 2022

Une feuille de route pour la décarbonation

À l'intérieur de l'édifice scolaire, les pièces sont spacieuses et offrent une belle hauteur sous plafond. Les cloisons, y compris celles dotées de meubles encastrés, sont recouvertes de contreplaqué non traité. La construction a été conçue en tenant compte d'une possible évolution de l'usage du bâtiment tout au long de son cycle de vie. L'équipe de Henning Larsen a suivi cinq principes directeurs : utiliser des matériaux durables, renouvelables et biosourcés capables de séquestrer le carbone ; recycler certains éléments trouvés sur place pour économiser de l'énergie ; construire avec des matériaux propres, dénués de produits toxiques ; mettre à profit la lumière du jour et élaborer un système de ventilation naturelle pour un climat intérieur sain ; concevoir une structure aisément démontable, aux composants réutilisables ou recyclables dans un esprit de circularité. « Les systèmes de ventilation naturelle et passive réduisent considérablement la facture d'énergie et sont complétés par des panneaux solaires sur le toit », ajoutent les architectes. Ces paramètres simples peuvent être appliqués à tout type de bâtiment, favorisant la mise en œuvre des principes fondamentaux du développement durable à chaque étape de la réalisation. L'extension de l'école Feldballe peut paraître un projet anodin mais il a une forte valeur symbolique. Les architectes ont trouvé des solutions susceptibles de révolutionner la conception actuelle de nombreux bâtiments, à quelque échelle que ce soit. Ils ont aussi tracé une feuille de route vers la décarbonation de l'architecture.

École Feldballe, Rønde, Danemark, 2022

HENNING LARSEN

L'architecte danois Henning Larsen (1925-2013) a fondé en 1959 l'agence qui porte son nom. Il est l'auteur de très nombreux édifices emblématiques, qui ont pour caractéristique commune d'accorder une place de choix à la lumière du jour. L'agence est aujourd'hui présente dans huit pays, et ses équipes sont actives tant en architecture qu'en aménagement paysager, urbanisme ou décoration intérieure. L'éclairage et la nature continuent à jouer un rôle essentiel dans la conception des projets, qui reflètent « un attachement réel à l'environnement, à la culture locale et aux personnes ». Les concepts mis en œuvre, toujours inspirés par le contexte, ont vocation à influencer durablement la vie des habitants et leur environnement.

La démarche pluridisciplinaire de l'agence a conduit à des innovations marquantes en matière de développement durable, les architectes étant soucieux d'apporter une réponse concrète aux nombreux défis de notre époque : biodiversité en péril, dérèglement climatique, pollution et pénurie de matières premières.

OOPEAA

« À OOPEAA, notre ambition est d'offrir un cadre de vie meilleur : créer une architecture proche des gens, mais aussi en dialogue avec son contexte. »

L'agence finlandaise OOPEAA conçoit des bâtiments durables, écoresponsables, à l'esthétique contemporaine et qui s'intègrent au site sur lequel ils sont édifiés. Deux particularités ressortent de l'ensemble des projets réalisés par ces jeunes architectes : d'une part, la place accordée au bois massif, un matériau aisément disponible, renouvelable et recyclable, particulièrement en Finlande ; d'autre part, le caractère modulable des structures qu'ils créent.
Le lotissement Puukuokka, un ensemble d'appartements à loyer modéré également doté d'installations communes, illustre tous les avantages de leur démarche. Les trois immeubles qui le composent ont été rapidement édifiés grâce à un système de modules volumétriques en bois lamellé-croisé (CLT), conçus et réalisés avec l'entreprise finno-suédoise Stora Enso. Ces modules, utilisés à la fois pour les structures porteuses et les charpentes, ont été préfabriqués à partir de troncs d'épicéa. Les propriétés du bois lamellé-croisé ont permis d'aménager de vastes halls d'entrée baignés de lumière naturelle, et d'apporter aux logements et aux parties communes une isolation thermique performante et ajustable. Chaque appartement est constitué de deux blocs, l'un comportant le séjour, un balcon et une chambre, l'autre, la cuisine, la salle de bains et l'entrée. Les tuyaux de chauffage, d'alimentation en eau, les câbles électriques et les gaines de ventilation ont été insérés dans les murs des couloirs desservant les logements afin de faciliter les travaux de maintenance.

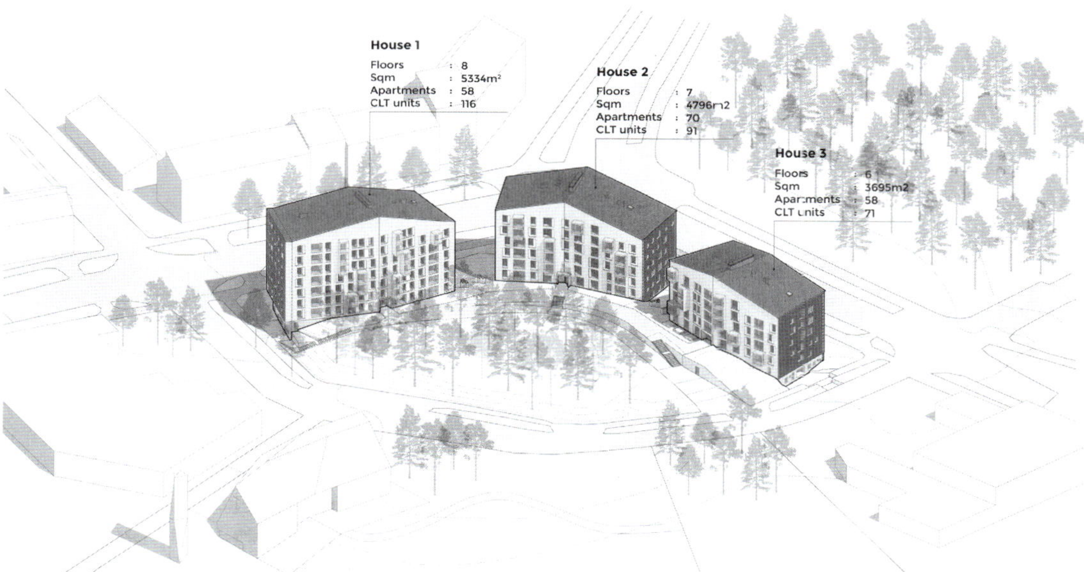

Lotissement Puukuokka, Jyväskylä, Finlande, 2018

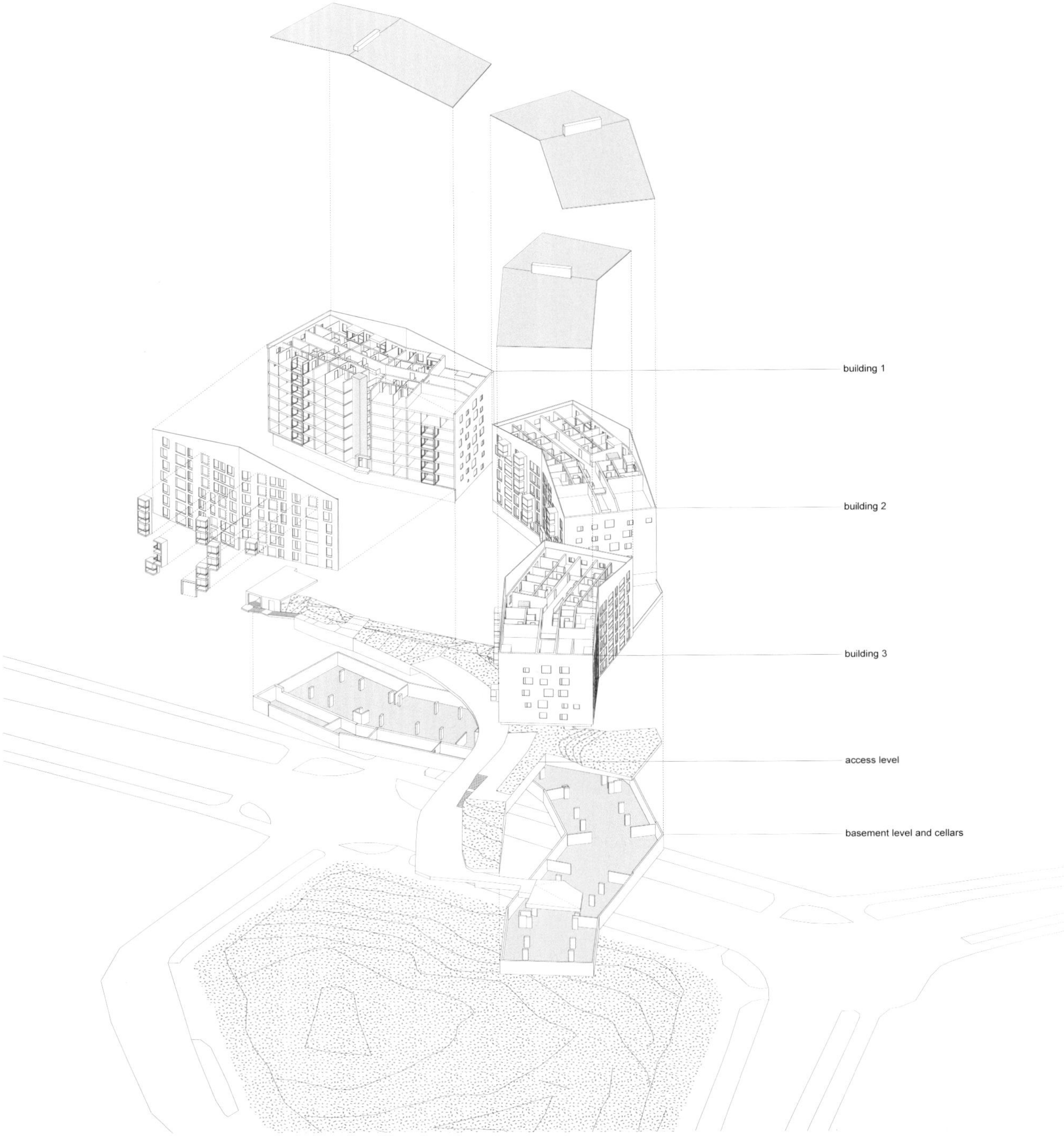

OOPEAA

Fondée par Anssi Lassila, l'agence finlandaise OOPEAA (acronyme de Bureau pour l'architecture périphérique) réunit une équipe de jeunes talents. Ils travaillent de manière interactive, en petits groupes qui varient d'un projet à l'autre, afin de susciter l'échange d'idées. Trois principes fondamentaux guident leur réflexion : d'abord, un souci du détail et un sens des responsabilités qui incitent les architectes à s'engager pour un meilleur cadre de vie ; ensuite, la curiosité, comprise comme une ouverture d'esprit à l'égard de nouveaux modes d'apprentissage et de perception ; enfin, la prise en compte du contexte local, tant du site lui-même que de ses composantes sociales, culturelles et économiques. Travaillant sur des constructions neuves et la réhabilitation d'immeubles anciens, OOPEAA s'efforce de concilier idées novatrices et traditions locales, en imaginant des solutions aussi durables qu'efficaces.

Tirer parti de l'esthétique du bois lamellé-croisé

Les façades sont constituées de grands panneaux de bois. Tous les modules de CLT ont été préfabriqués dans une usine située à moins de 2 heures de route du chantier. Cette proximité a permis de réduire considérablement l'impact du transport sur l'empreinte carbone du projet, et il n'a fallu que six mois par immeuble pour assembler les modules.

Le lotissement Puukuokka sert aussi d'expérience pilote dans le domaine social et économique, car il s'assortit d'un dispositif de location-achat au terme duquel les habitants deviennent propriétaires de leur appartement : ils versent un acompte de 7 % sur le prix d'achat, convenu lors de la signature du bail, puis des mensualités pendant une période de vingt ans. Les résidents des 184 appartements présentent une large diversité de profils, des célibataires aux familles avec enfants. L'attachement aux principes du développement durable qui anime l'équipe d'OOPEAA est en outre parfaitement compatible avec les besoins des locataires-acquéreurs, ainsi qu'avec les critères esthétiques contemporains. Les architectes ont réussi à contourner les contraintes inhérentes à un immeuble en donnant aux appartements l'atmosphère chaleureuse et l'intimité d'une maison individuelle. Le cadre de vie convivial qu'offre ainsi Puukuoka favorise l'épanouissement d'un quartier paisible.

IBUKU

« Nous créons un nouveau vocabulaire des formes pour le bambou et étudions la manière dont l'architecture et le design durables peuvent réinventer le luxe. »

École de yoga Alchemy (Alchemy Tilem Dome), Penestanan, Ubud, Bali, Indonésie, 2022

Dans le respect des traditions artisanales de Bali, l'agence indonésienne IBUKU utilise abondamment le bambou pour construire des bâtiments aux formes surprenantes, souvent incurvées. Par leurs dimensions, leurs toits ondulés et leurs murs en voûte, ces édifices défient l'imagination et offrent des espaces où les individus se sentent en communion avec la nature. Les réalisations d'IBUKU démontrent que le bambou est un matériau structurel résistant, durable et qui peut être façonné au gré des besoins. Afin de rendre cette architecture à la fois respectueuse de l'environnement, saine pour leurs usagers, performante énergétiquement et parfaitement intégrée au paysage, l'agence recourt à des ressources disponibles localement, sans pour autant faire de compromis sur la qualité de la mise en œuvre ni sur les finitions.
Le Mari Beach Club, un complexe hôtelier de luxe écoresponsable installé sur la plage de Batu Belig, comprend, entre autres structures, un bar près de la piscine, une boutique, un restaurant et une station de compost. Situé en pleine nature tropicale, il a été conçu pour faire découvrir aux vacanciers la splendeur de l'océan Indien, grâce à des vues saisissantes. Outre la structure en bambou, les architectes ont opté pour des toits à pente douce recouverts de cuivre et choisi une pierre locale pour les aménagements extérieurs afin de réduire les émissions de CO_2. Le grand pavillon central, dont le toit ondulé évoque les montagnes de l'île, attire immédiatement le regard.

Innover avec des matériaux naturels

L'école de yoga Alchemy est un autre exemple d'utilisation du bambou à grande échelle avec un résultat tout aussi spectaculaire. Elle se compose de deux *shala*, ou salles d'exercice spécialement adaptées à la pratique du yoga. L'un des *shala* décline le concept de *tilem*, qui signifie « nouvelle lune » en balinais, l'autre, de *purnama*, c'est-à-dire « pleine lune ».
Le bambou est le matériau principal employé dans la construction, mais les bardeaux fabriqués à la main qui couvrent le toit ondulé des deux édifices sont en cuivre, garantissant ainsi la longévité de l'ensemble. « Le *shala* Tilem a des murs en bambou Petung noir soutenant un plafond rouge crépuscule et une toiture en bois d'ulin foncé qui descend jusqu'au sol ; le Purnama a une structure en Petung blond et un sol en terre », précisent les architectes. La palette de couleurs naturelles et les formes organiques créent des espaces agréables et intimes qui font subtilement écho à la végétation luxuriante de l'île.
Comme l'équipe d'IBUKU aime le souligner, son travail est marqué par les matériaux employés, les gens avec lesquels la construction est réalisée et le terrain sur lequel elle s'implante. Le recours au bambou parmi d'autres éléments naturels permet de relier l'architecture à la culture locale et au paysage.

Mari Beach Club, plage de Batu Belig, Bali, Indonésie, 2022

IBUKU

Elora Hardy, la fondatrice et directrice de l'agence IBUKU, a étudié les beaux-arts. Elle a fait carrière dans l'industrie de la mode avant d'ouvrir, en 2010, un cabinet d'architectes à Bali, où elle est née. Son premier grand succès a été de diriger l'équipe chargée de la conception et de la construction de la Green School à Bali, une école expérimentale ouverte sur la nature. Elle s'est depuis spécialisée dans les édifices en bambou. Son équipe de vingt-cinq employés, composée d'architectes, de designers et d'ingénieurs, parvient à concilier l'esthétique contemporaine, une ingénierie moderne et l'artisanat traditionnel balinais. Leur ambition de construire tous types d'édifices en bambou – des maisons aux hôtels et des écoles aux salles de spectacle – commence à se concrétiser, tant en Indonésie que dans d'autres pays.

Kengo Kuma

« Il faudrait d'abord penser à l'architecture comme à une activité de mise en relation. »

Tous les bâtiments conçus par Kengo Kuma ont pour point commun de mettre en valeur les matériaux utilisés. Qu'il opte pour le bois, le papier ou le béton, l'architecte en tire toujours le meilleur parti. Ses recherches sur les différentes qualités et textures, étroitement liées au contexte dans lequel l'édifice sera implanté, visent à atteindre une pureté qui exclut tout élément superflu. Le bois et le papier, deux matériaux traditionnels au Japon, jouent un rôle particulier dans l'œuvre de l'architecte, notamment pour la maison réalisée dans le cadre du projet expérimental Mêmu Meadows. Il s'agissait de transformer le haras Taiki, situé sur l'île de Hokkaido, en un centre d'études et de formation. L'objectif était de tester plusieurs solutions d'architecture durable tout en remaniant les anciennes étables et le manège couvert pour qu'ils accueillent des laboratoires universitaires, des salles de cours et des logements.
Le projet incluait en outre la construction de maisons pilotes sur le vaste terrain entourant le haras. La première à sortir de terre fut celle conçue par Kengo Kuma. Fortement inspirée de la « chise », l'habitation typique des Aïnous, peuple présent à Hokkaido, elle se voulait une réponse aux variations climatiques extrêmes et au risque sismique, deux phénomènes inhérents à l'île. D'une surface de 80 m^2, elle consiste en une structure légère, lumineuse et néanmoins résistante. Elle est facile à assembler et à démonter.

Maison expérimentale, Mêmu Meadows, Hokkaido, Japon, 2011

Revisiter un habitat traditionnel grâce à de nouveaux matériaux

D'ordinaire, la « chise » est une « maison en herbe » : son toit et ses murs consistent en une ossature de bois et bambou recouverte de paille de roseau, des plantes aux propriétés d'isolation thermique bien connues. Kengo Kuma a opté pour un cadre en bois de mélèze japonais, qu'il a enveloppé d'une membrane en polyester fluorocarboné à l'extérieur et d'une toile amovible en fibre de verre à l'intérieur. Entre les deux, une couche d'isolant en polyester, fabriquée à partir de bouteilles en plastique recyclées, laisse la lumière naturelle traverser les murs et le plafond. Les membranes sont fixées sur un support métallique attaché au cadre en bois, un assemblage qui permet à l'air de circuler assez librement. Comme dans une « chise » traditionnelle, des nattes sont posées sur le sol de la pièce à vivre, autour d'une cheminée centrale. « Il était fondamental que l'âtre serve aussi à réchauffer le sol et que la chaleur rayonnante qu'il génère soit récupérée », précise l'architecte. Le site de Mêmu Meadows dispose d'un système de chauffage géothermique, mais la cheminée est suffisamment performante pour que l'on puisse s'en passer plusieurs jours d'affilée, y compris en hiver. Les fenêtres, bien isolées, offrent une vue sur les alentours.
Cette maison type pourrait être reproduite dans des zones à fort risque sismique et des régions connaissant un climat particulièrement rigoureux. L'alliance d'une typologie traditionnelle et de matériaux nouveaux montre ici son efficacité. Les qualités esthétiques du projet s'ajoutent à sa fonctionnalité et à sa durabilité. La surface translucide de l'édifice filtre la lumière, créant un environnement calme et agréable à vivre.

Maison expérimentale, Mêmu Meadows, Hokkaido, Japon, 2011

KENGO KUMA

Architecte japonais de renommée internationale, Kengo Kuma est l'un des fervents défenseurs d'une conception durable des bâtiments. Les projets qu'il a réalisés depuis 1990, date à laquelle il a fondé l'agence Kengo Kuma & Associates, témoignent d'une architecture soucieuse de l'environnement. L'intégration des formes dans le paysage, le recours à des matériaux naturels et locaux, des espaces aisément modulables et une approche circulaire favorisant le recyclage caractérisent ses œuvres. Depuis le début de sa carrière, Kengo Kuma concilie pratique de l'architecture et enseignement dans des universités japonaises. Il est également l'auteur de plusieurs ouvrages.

Arquipélago Arquitetos

« Toutes les caractéristiques de fermeté, d'inertie thermique, de couleur, de luminosité, et les qualités tactiles de la terre crue sont dues aux propriétés physiques et chimiques de ce matériau. »

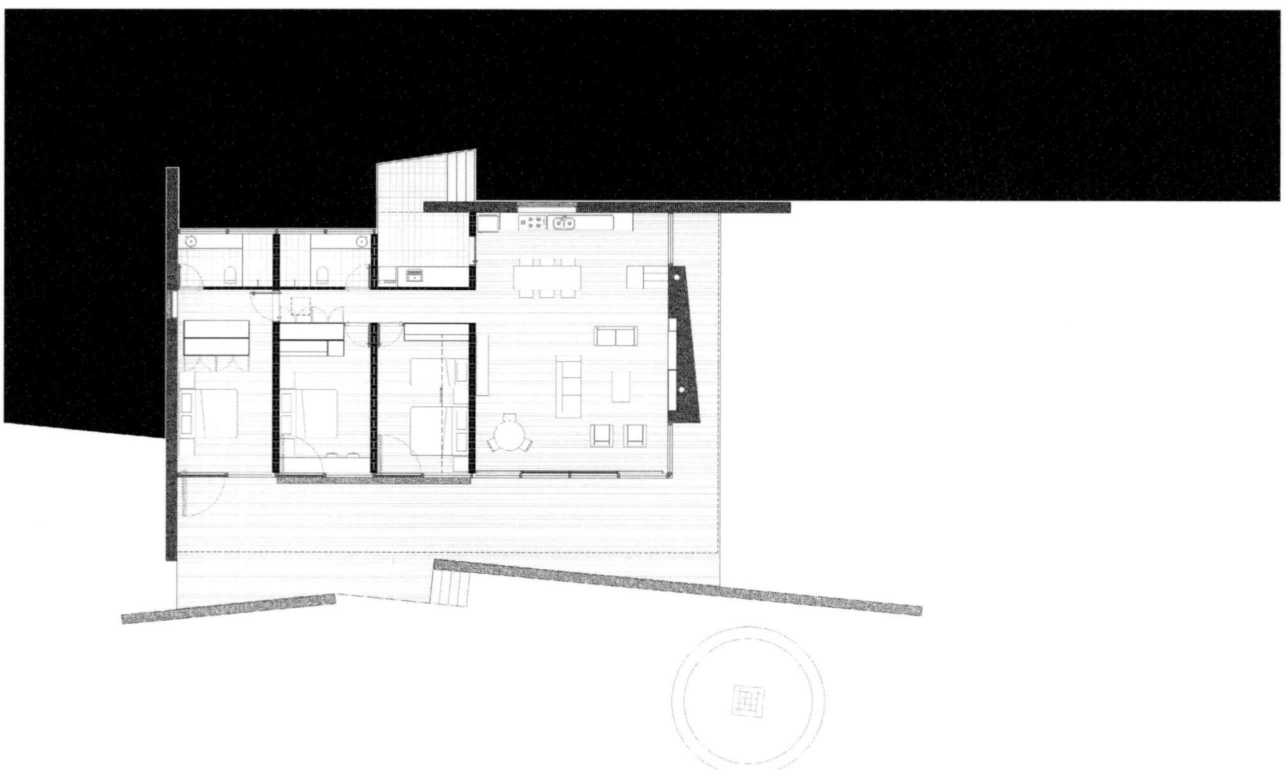

Maison à Cunha, Brésil, 2019

Dans la maison construite par Arquipélago Arquitetos à Cunha, au Brésil, l'aspect épuré du matériau fait écho au minimalisme des formes géométriques. Les lignes droites de la demeure créent un contraste saisissant avec le paysage bordé de collines, tandis que l'utilisation de la terre comme matériau de construction offre un lien organique avec l'extérieur. Le cahier des charges mentionnait en effet l'importance d'établir une relation forte entre l'habitation et la nature sauvage aux alentours. Située dans une région montagneuse, cette maison bâtie en haut d'une colline bénéficie d'une vue panoramique sur le paysage. Offrant un point d'observation idéal, une grande baie vitrée sur la façade nord emmagasine le rayonnement solaire pendant la journée et le distille à l'intérieur pour apporter une chaleur bienvenue les nuits d'hiver. Ouverte, elle permet de ventiler l'ensemble de la maison.

L'emplacement et les variations climatiques ont largement déterminé les plans de l'habitation, partiellement enfouie sous terre pour la protéger des vents froids. Cette excavation d'un mètre de profondeur a conduit à opter pour la terre comme matériau de construction. Son utilisation a facilité les travaux, car le transport d'autres éléments vers le site en pleine nature aurait été très compliqué. Les qualités thermiques de la terre procurent en outre une isolation idéale face aux conditions météorologiques extrêmes. La structure en terre, qui repose sur des fondations en béton, a été traitée selon une approche contemporaine. «Un système de coffrage traditionnel a permis d'éviter les perforations qu'auraient causé des barres en métal. Le chantier n'en a été que plus performant. Les éléments modulables ont pu être désassemblés et réassemblés sans peine», soulignent les architectes.

Quand la terre crue interagit avec la géométrie

Le choix d'une construction en terre a grandement contribué à intégrer le bâtiment dans le paysage. Outre qu'il est en parfaite harmonie avec la nature, ce matériau ajoute une touche organique qui donne à la maison une texture et de l'authenticité. La glaise a été également utilisée pour des aménagements intérieurs, comme le poêle et la cheminée, points centraux du salon. Du bois et des briques complètent élégamment la décoration en gardant les mêmes teintes chaudes, rehaussées par la lumière naturelle. Ces deux matériaux apportent aussi un aspect tactile agréable. Les briques couleur paille proviennent d'un atelier de poterie local – la région a une longue tradition artisanale dans le domaine de la céramique – qui utilise l'argile des plaines environnantes, riche en aluminium. Ce choix dénote le soin particulier pris par les architectes à sélectionner les meilleurs matériaux disponibles localement.

La simplicité des volumes est soulignée par un usage abondant de surfaces en verre qui rendent lumineux les vastes espaces intérieurs et les ouvrent sur la nature. Pour préserver l'intimité et filtrer la clarté du soleil lorsque c'est nécessaire, les architectes ont installé sur certaines fenêtres des panneaux en bois amovibles dotés de lamelles verticales. L'intérieur, bien éclairé, bénéficie d'une variété de textures aux teintes sobres et naturelles. « Le plafond est composé d'une trame en bois, qui forme avec le parquet, lui aussi en bois, deux surfaces horizontales distinctes des murs en terre », expliquent les architectes. Tout comme les matériaux favorisent la symbiose entre l'architecture et le milieu environnant, les lignes nettes présentent un joli contraste avec la topographie.

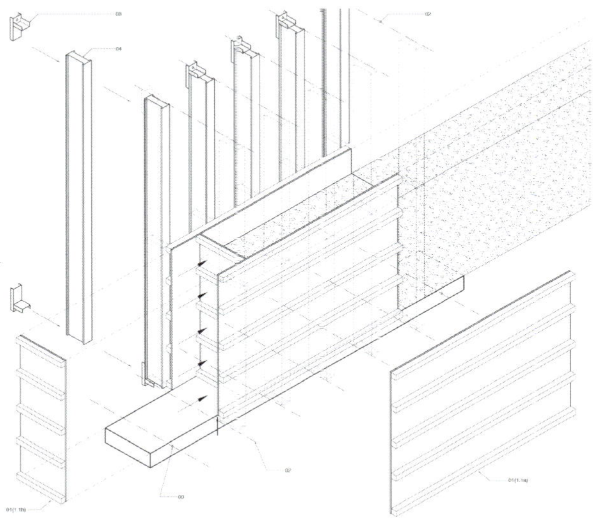

ARQUIPÉLAGO ARQUITETOS

Arquipélago Arquitetos est une agence fondée en 2013 à São Paulo par Luís Tavares et Marinho Velloso. Le duo d'architectes s'est spécialisé dans le logement durable. Composés de formes géométriques pures, les bâtiments qu'ils construisent se transforment en œuvres d'art et en symboles flamboyants de l'intervention humaine au cœur de la nature sauvage. Les matériaux, terre vrue ou composites préfabriqués, sont sélectionnés pour répondre aux exigences du climat. Arquipélago Arquitetos est également connu pour la rénovation réussie d'un vieux cinéma dans le centre historique de Paraty, une station balnéaire à mi-chemin entre São Paulo et Rio de Janeiro, où les éléments contemporains se conjuguent harmonieusement avec le décor d'origine.

ZAV Architects

« Les "particules spatiales", ou dômes, sont constituées de sacs remplis de sable provenant du dragage du bassin d'Ormuz, comme si la Terre avait gonflé à cet endroit pour engendrer ces habitats. »

Les architectes de l'agence iranienne ZAV déploient une imagination et une volonté d'innover qui paraissent sans limites. Dans leur quête constante de « typologies modulables et d'installations résistant à l'épreuve du temps », ils n'hésitent pas à remettre en question les principes établis : ils jugent ainsi plus raisonnable d'allouer la majeure partie du budget d'un projet aux coûts de main-d'œuvre plutôt qu'à l'emploi de matériaux onéreux, surtout lorsqu'ils ont à disposition, sur place, des ressources naturelles à moindre prix. Ce mode de fonctionnement permet en outre à la population locale de prendre part au chantier et de se former aux techniques de construction élémentaires.

Commandité par une institution mixte privée-publique, le domaine touristique Presence in Hormuz 02, Majara Residence illustre parfaitement cette démarche. Ses très nombreux bungalows en forme de dômes – un motif architectural propre à la région – et aux couleurs chatoyantes s'insèrent délicatement dans le paysage escarpé, accidenté et aride de l'île d'Ormuz, dans le golfe Persique. Ces maisons recouvertes de pisé ont été élevées selon la technique innovante de l'écodôme, mise au point par l'architecte iranien Nader Khalili (1936-2008), qui consiste à empiler des sacs de sable humide.

ZAV ARCHITECTS

ZAV Architects, fondée en 2006 par Mohamadreza Ghodousi et dont le siège est à Téhéran, puise dans les techniques traditionnelles pour créer des bâtiments résidentiels à la fois originaux et conformes aux principes du développement durable. Les architectes de l'agence mettent en avant leur souhait de « redécouvrir des ressources souvent à portée de main mais dont l'usage s'est perdu ». Privilégiant les matériaux faciles à se procurer et les techniques de construction vernaculaires, ils n'en conçoivent pas moins une architecture contemporaine innovante, ingénieuse et très élégante, respectueuse de l'environnement et pour un coût toujours modeste.

Presence in Hormuz 02, Majara Residence, île d'Ormuz, Iran, 2020

Faire appel aux ressources locales

Grâce à ce principe constructif extrêmement simple, des artisans locaux non spécialisés sont à même d'édifier à la main des bâtiments de petite taille. Pour autant, lesdites structures sont d'une solidité à toute épreuve, pouvant même résister à des tremblements de terre de magnitude élevée. « Les grains de sable remplissent les sacs qui, assemblés, constituent les dômes, leur donnent corps », expliquent les architectes de ZAV. La « texture entièrement granulaire », qui évoque le sol rugueux de l'île d'Ormuz, confère aux bungalows un aspect très tactile. Ils arborent différentes teintes vives – bleu, ocre, rouge et vert –, choisies pour s'accorder au paysage environnant. La forme arrondie des constructions facilite également l'intégration du complexe dans son site. Outre la main-d'œuvre recrutée sur place, le sable utilisé provient du dragage des installations portuaires voisines, limitant ainsi le transport de matériaux au strict minimum.

Naturvillan

« Nous offrons la possibilité de vivre au contact immédiat de la nature, à laquelle fait écho un jardin intégré à la maison. »

La magnifique maison en forme de A implantée en lisière d'un bois, sur les rives du lac Vänern, en Suède, fait penser à une grande tente. Malgré ses dimensions relativement impressionnantes, elle se fond dans le paysage sans le dominer, grâce à la transparence de son revêtement en verre, qui fait office de murs et de toiture. Baignée en permanence de lumière naturelle, la villa Atri bénéficie en outre d'un système très ingénieux de régulation thermique, qui filtre et recueille l'énergie solaire grâce à des panneaux installés sur la pente d'une des façades. À l'intérieur, une structure en bois clair desservie par un vaste espace sous verrière abrite les différentes pièces. À ce hall d'entrée est intégrée une serre, qui s'étend sur tout un long côté de la maison et accueille de nombreuses plantes. Doté d'une hauteur exceptionnelle sous plafond, cet espace couvert donne l'illusion de se sentir à l'extérieur et offre une vue saisissante sur la nature alentour. Les volumes de la villa forment ainsi un jeu fascinant d'entrecroisement entre éléments solides et transparents, ouvertures et lieux clos.
Cette demeure insolite conçue par Naturvillan ouvre la voie à une nouvelle typologie d'habitat, imbriquant l'intérieur et l'extérieur. Les plantes cultivées sous serre bénéficient d'un système d'irrigation automatique et d'un mécanisme d'éco-recyclage qui restitue à ce jardin intérieur les nutriments des eaux usées, récupérées et traitées. La présence de la végétation contribue également à purifier l'air intérieur, créant un cadre de vie particulièrement sain.

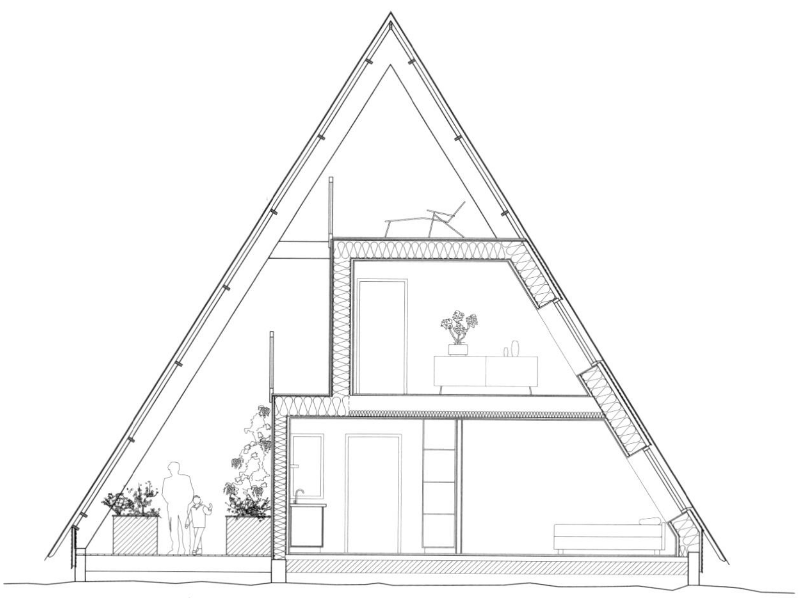

Villa Atri, Brålanda, Suède, 2021

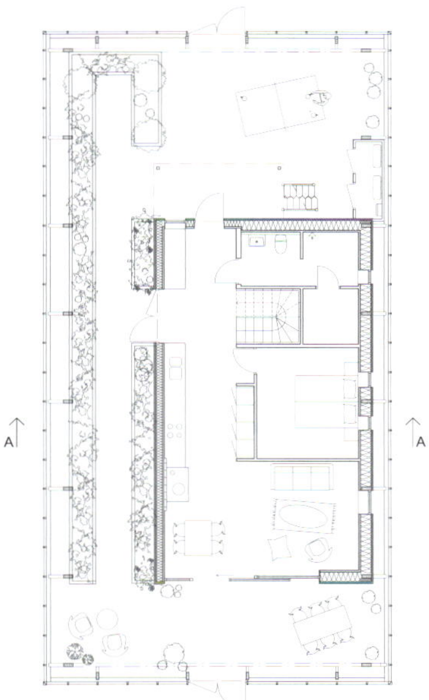

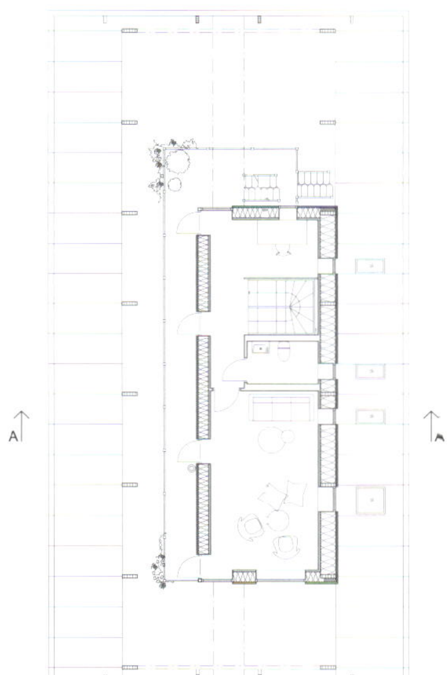

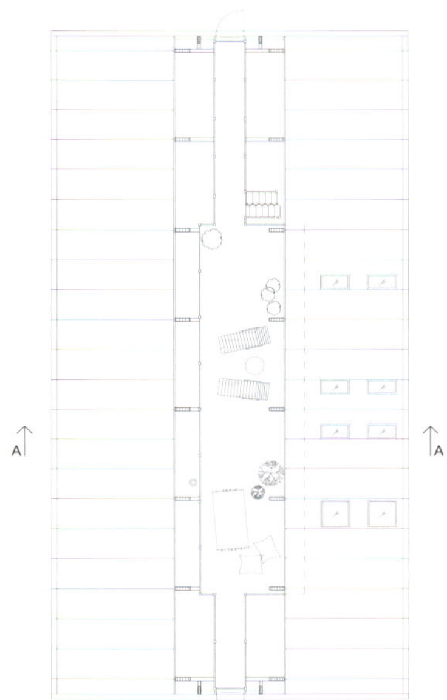

Une maison écologique par excellence

Anders Solvarm et Niklas Dahlström, les fondateurs de Naturvillan, se consacrent à la construction de maisons durables et écologiques. Ils ne se limitent pas à chercher des solutions efficaces sur le plan énergétique, mais privilégient aussi l'emploi de matériaux écoresponsables, en particulier le bois, et de revêtements réactifs aux changements de température (*Climate Adaptive Building Shells*). Toutes les réalisations de Naturvillan sont conçues selon les mêmes principes que la villa Atri. Il s'agit de maisons autosuffisantes pouvant être bâties hors réseaux, qui profitent d'une proximité directe avec la nature sans nuire à cet environnement : un puits creusé dans le jardin fournit de l'eau potable aux résidents, tandis que l'électricité, le chauffage et l'eau chaude sont produits sur place grâce à l'énergie provenant des panneaux solaires. En hiver, un poêle à bois avec plaque de cuisson complète le dispositif. Les mécanismes très élaborés qui permettent à la maison de fonctionner de manière autonome en toute saison résultent d'années d'expérimentation et de recherche.

La modularité des espaces est un autre avantage des maisons mises au point par les architectes. S'adaptant facilement aux besoins des habitants, l'agencement intérieur donne en outre un réel sentiment de confort. Le vaste hall d'entrée mène aux espaces diurnes de la maison, c'est-à-dire le salon, une grande cuisine et une salle à manger. L'ensemble des chambres et des salles de bains se trouve au premier étage, auquel on accède par un grand escalier.

NATURVILLAN

L'entreprise suédoise Naturvillan conçoit des maisons à très faible empreinte carbone. Celles-ci se distinguent des habitations « classiques » notamment par leur revêtement réactif aux changements de température et par « la symbiose unique qu'elles offrent entre un cadre de vie agréable et l'immersion dans la nature ». Les deux fondateurs, Anders Solvarm et Niklas Dahlström, ont relevé le défi de proposer des résidences de grand confort et respectueuses de l'environnement. Habitant lui-même l'une de ces demeures, Anders Solvarm a acquis une expérience reconnue en matière d'architecture durable, de serres et de recyclage naturel. Niklas Dahlström s'occupe quant à lui de l'ingénierie et du respect des normes de construction.

Villa Atri, Brålanda, Suède, 2021

rundzwei Architekten

« Nous estimons que l'architecture durable commence par le concept et ne doit pas reposer uniquement sur des solutions techniques coûteuses. »

L'agence berlinoise rundzwei aime concilier un certain non-conformisme dans le choix des formes et des matériaux avec une finition irréprochable et des réalisations intégrées à leur environnement. Le développement durable est au cœur de ses projets, comme l'illustre la Cork Screw House, une maison individuelle très originale bâtie à Berlin. Sa silhouette dynamique tire le meilleur profit du terrain et laisse deviner la singularité de l'aménagement intérieur. Au-dessus d'un rez-de-chaussée tout en transparence, les murs à ossature bois recouverts de liège semblent flotter. Les niveaux supérieurs sont subdivisés afin de faciliter la circulation de l'un à l'autre.

Le plan carré de cette maison s'ordonne autour d'un escalier central desservant toutes les pièces, qui bénéficient ainsi de l'éclairage naturel provenant du puits de lumière dans lequel il s'insère.
La salle à manger et le salon, à moitié enfouis dans le sol, sont ceints de murs en ciment poreux texturé. Dans leur prolongement, une chambre donne sur une discrète piscine extérieure, qui permet de nager à l'abri des regards. Le rez-de-chaussée accueille d'autres pièces de séjour, tandis que les deux étages supérieurs forment une sorte d'appartement distinct, comprenant des chambres, une bibliothèque et un bureau.

RUNDZWEI ARCHITEKTEN

Andreas Reeg et Marc Dufour-Feronce ont créé l'agence rundzwei Architekten à Berlin pour concevoir des bâtiments de qualité avec une touche de caractère. Leur équipe, composée d'architectes et d'ingénieurs, travaille sur un large éventail de projets dans des domaines aussi variés que l'habitat, l'urbanisme, la décoration intérieure et le design. Leur vision holistique de l'architecture les incite à intégrer les notions de contexte, de ressources naturelles et d'histoire locale à leur réflexion. Pour les fondateurs de rundzwei, le développement durable ne passe pas uniquement par la recherche de solutions visant à réduire la consommation d'énergie, mais aussi par un choix raisonné de matériaux, aux qualités tant environnementales qu'esthétiques.

Matériaux naturels et technologies innovantes

Les façades de la maison sont recouvertes de panneaux de liège (*cork* en anglais), issus de déchets de la production de bouchons. « Soumis à une hausse soudaine de température et de pression qui libère la résine, les granulés de liège s'agrègent pour constituer ces panneaux. Aucun additif, aucun adhésif. Tout est naturel et résiste aux intempéries ainsi qu'aux moisissures », précisent les architectes de rundzwei. Outre le liège, connu pour ses propriétés isolantes et ses qualités esthétiques, des matériaux naturels, absorbeurs d'humidité, comme le bois et la fibre de gypse garantissent l'étanchéité des murs et une atmosphère saine à l'intérieur.

En ce qui concerne l'approvisionnement énergétique, la Cork Screw House est presque autosuffisante. Des panneaux solaires en toiture fournissent de l'électricité et le système de distribution de chaleur est particulièrement efficace, notamment *via* les planchers, qui captent l'apport de chaleur le jour et la restitue lentement la nuit. Une cheminée complète l'ensemble. Grâce à ses matériaux naturels, aux techniques de construction passive et aux technologies innovantes, cette maison familiale qui sort de l'ordinaire est aussi écoresponsable.

Cork Screw House (« Maison en bouchons de liège »), Berlin, Allemagne, 2016

Alventosa Morell Arquitectes Joan J. Fortuny Arquitectes

« Fondé sur un modèle alliant l'emploi de ressources locales, les principes de construction passive et des matériaux naturels sains, le bâtiment a une consommation d'énergie presque nulle. »

Alventosa Morell Arquitectes et Joan J. Fortuny Arquitectes ont noué un partenariat pour concevoir des logements sociaux conformes aux principes de construction passive, d'efficacité énergétique et de circularité en matière de matériaux (à la fois sains et, si possible, recyclés). Leur premier projet commun, 54 Social Housing, implanté à Inca, sur l'île espagnole de Majorque, entendait proposer des normes qui répondent aux urgences en matière de logement et de dérèglement climatique. Parfaitement intégrés dans leur contexte urbain, les deux immeubles qui composent la résidence délimitent élégamment la parcelle et laissent suffisamment de terrain pour aménager un espace planté en son centre. Les cinquante-quatre appartements sont répartis sur trois niveaux.
L'exposition au soleil, les vents dominants, le respect de la vie privée des futurs habitants et une vue panoramique sur les environs ont été les éléments déterminants pour établir le plan de chaque niveau et la distribution des pièces. Les architectes ont également tenu à équiper tous les logements d'un espace extérieur privatif, que ce soit un jardinet au rez-de-chaussée ou une terrasse semi-couverte dans les étages. Ces aménagements favorisent une ventilation transversale des appartements, accentuée par un système aérothermique municipal très performant et consommant peu d'énergie qui récupère la chaleur et rafraîchit l'air ambiant.

54 Social Housing, Inca, Majorque, Espagne, 2023

Des logements sociaux très économes en énergie

Le choix des matériaux a été la principale préoccupation des architectes, qui ont fait largement appel à des entreprises et artisans locaux ; lorsqu'il n'existait aucune solution sur place, ils ont opté pour des produits à faible empreinte carbone et issus de l'économie circulaire. L'ossature des bâtiments associe un dallage réticulaire en béton recyclé (qui contient moins de béton que les dalles classiques et pèse moins lourd), autorisant de grandes portées, avec des piliers métalliques. Ce système a par ailleurs permis de gagner du temps lors du chantier et facilite une éventuelle reconversion de la résidence vers d'autres fonctions à l'avenir. Les façades sont constituées d'un double revêtement en céramique, avec un isolant en coton recyclé côté intérieur.

ALVENTOSA MORELL ARQUITECTES

Fondée à Barcelone en 2010 par Marc Alventosa Zaidin et Xavier Morell Jané, l'agence Alventosa Morell Arquitectes s'attache à offrir des bâtiments de qualité qui soient parfaitement conformes aux normes sociales, économiques et environnementales. Les architectes prêtent une attention particulière aux questions bioclimatiques. Les solutions qu'ils proposent permettent d'importantes économies d'énergie et une réduction substantielle des émissions de CO_2 liées à la construction.

JOAN J. FORTUNY ARQUITECTES

Établie à Barcelone en 2010, l'agence Joan J. Fortuny Arquitectes a pris ses quartiers à Palma de Majorque en 2016. Joan J. Fortuny Giro dirige une équipe pluridisciplinaire s'occupant de projets architecturaux et urbains pour des clients privés et en réponse à des appels d'offres publics. L'agence entend offrir un modèle de développement bénéfique à l'économie locale, fidèle aux traditions et respectueux des critères de durabilité (réduction du bilan carbone durant la phase de chantier, choix des matériaux, etc.). L'extension de la durée de vie des bâtiments dans les villes méditerranéennes est un autre axe de réflexion de l'agence. Joan J. Fortuny enseigne par ailleurs la construction durable à l'Universitat de les Illes Balears.

À l'extérieur, l'isolation est assurée par des panneaux de liège réutilisés et de la chaux d'origine locale. Renforçant les qualités hygroscopiques de la céramique, la chaux est aussi un moyen de lutter contre l'humidité. De hauts volets en bois de mélèze certifié, fabriqués par des artisans de Majorque, offrent un ombrage bienvenu dans les appartements et sur les terrasses. Les toitures, plates, sont couvertes de gravier extrait d'une exploitation minière locale, un matériau recyclé. Des panneaux photovoltaïques y ont été installés pour améliorer l'efficacité énergétique de la résidence, qui respecte la norme NZEB (*Nearly-zero energy building*) en ne consommant que 0,64 kilowatts-heure par mètre carré et par an.
Le 54 Social Housing bénéficie ainsi de la mise en œuvre de toutes les solutions de construction passive : ventilation transversale, protection contre le soleil, inertie thermique, matériaux absorbeurs d'humidité. Les logements, conçus pour capter un maximum de chaleur solaire en hiver, sont agréables durant l'été grâce aux terrasses et à leur configuration traversante.

54 Social Housing, Inca, Majorque, Espagne, 2023

Atelier Kaiser Shen

« La Haus Hoinka a été conçue comme une unité témoin. L'objectif est à présent de transposer les connaissances acquises grâce à cette méthode de construction simple et durable dans des projets plus ambitieux. » Florian Kaiser

Plutôt qu'une maison entièrement finalisée, Florian Kaiser et Guobin Shen s'étaient fixé pour objectif de construire une demeure qui pourrait évoluer avec ses habitants au fil du temps.
Ils voulaient en outre employer autant que possible des matières premières naturelles, renouvelables et recyclables. Nichée au cœur d'un vieux village pittoresque dans le sud de l'Allemagne, la Haus Hoinka se démarque des bâtiments historiques qui l'entourent par son allure insolite.
Les murs, le sol, les plafonds et même le toit sont fabriqués en bottes de paille mélangées à un enduit argileux, une combinaison qui garantit une excellente isolation thermique à toute la maison. Alternative écoresponsable aux isolants artificiels, cette technique datant du XIXe siècle offre de nombreux avantages, dont une durabilité accrue des constructions. La paille, remplaçable et recyclable, est facile à se procurer localement. Les bottes sont façonnées à la main en pressant la paille dans un cadre en bois, ce qui évite l'emploi d'outils coûteux et le recours à des processus industriels complexes. Afin de la protéger de l'humidité, les architectes ont décidé de surélever l'habitation, qui repose ainsi sur une croix centrale en béton et quatre piliers d'angle.

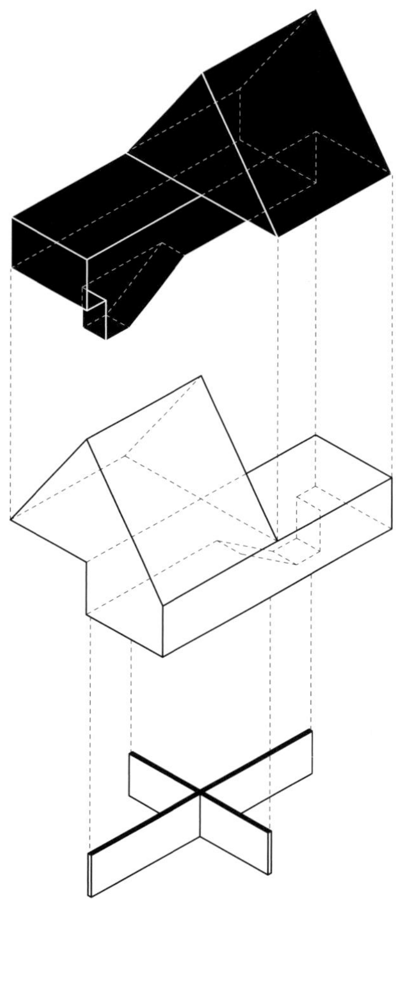

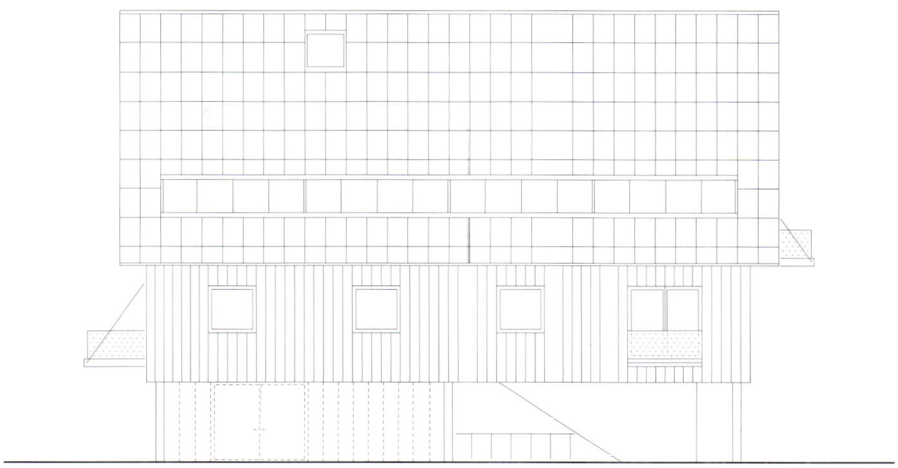

Strohballenhaus («Maison en bottes de paille») – Haus Hoinka, Heilbronn, Allemagne, 2023

Quand l'architecture de demain s'inspire des traditions ancestrales

L'intérieur, tapissé de bois, a été conçu selon un principe très original : « L'agencement des pièces laisse toute latitude pour les réaffecter à divers usages selon les nécessités du moment, comme une évolution dans la composition d'une famille, sans que cela nécessite d'intervention d'envergure », explique Florian Kaiser. Chacun des deux étages de l'habitation accueille huit pièces carrées, presque identiques et donc facilement réaménageables, à l'exception de la cuisine et des sanitaires. Le rez-de-chaussée consiste quant à lui en quatre espaces ouverts, également à destinations multiples et modifiables. Le client a par exemple décidé, peu après son installation, de transformer l'un d'eux pour y loger sa grand-mère. Une chambre d'amis ou un atelier pourraient également y prendre place.
Le caractère modulable de la maison est un gage de durabilité puisqu'elle s'adaptera toujours aux exigences de ses habitants. Outre l'emploi de matériaux écologiques pour sa structure, le projet met en œuvre des sources d'énergie renouvelable. Des panneaux solaires intégrés fournissent l'essentiel de l'électricité, tandis qu'une pompe à chaleur garantit une température ambiante stable en toute saison.

ATELIER KAISER SHEN

Florian Kaiser et Guobin Shen ont créé leur agence d'architecture à Stuttgart en 2017. Tous deux avaient auparavant travaillé au sein de prestigieux cabinets d'architectes, comme Herzog & de Meuron. L'œuvre prometteuse des deux jeunes architectes, qui témoigne d'un sens aigu de l'innovation quant à l'emploi de ressources renouvelables et de matériaux naturels, et à la modularité spatiale, a été rapidement saluée par plusieurs prix professionnels. Le duo a écrit un ouvrage sur le concept des « maisons inachevées » *(Unfertige Häuser,* 2022) : des structures à l'épreuve du temps et qui évoluent au cours de leur cycle de vie. Depuis le décès tragique prématuré de Guobin Shen en mai 2024, Florian Kaiser assume la direction de l'agence avec l'aide de ses associés Kilian Juraschitz, Johannes Schreiner et Matthias Stauch.

Strohballenhaus (« Maison en bottes de paille ») – Haus Hoinka, Heilbronn, Allemagne, 2023

HENN AIB GmbH Architekten Ingenieure

« Notre engagement en faveur d'un avenir écologiquement et socialement durable repose sur la conviction que l'architecture peut être un acteur du changement et un moteur de l'innovation. » HENN

The CUBE a été conçu dans le cadre d'un vaste programme de recherche intitulé « C^3 – Carbon Concrete Composite », programme consacré aux matériaux innovants pour des bâtiments durables et lancé par le ministère allemand de l'Éducation et de la Recherche. Il s'agissait de tester les usages possibles d'un béton renforcé par des fibres de carbone, matériau nouveau qui participerait à limiter les déchets liés à la production de béton et élargirait le champ des possibles en architecture. On estime que les émissions de CO_2 lors des phases de construction seraient réduites de 50 % si ce béton fibré remplaçait systématiquement le béton ordinaire, quatre fois plus lourd.

D'une surface de 243 m^2, The CUBE, projet porté par l'agence HENN, est le premier et plus grand bâtiment entièrement en béton fibré. Ce pavillon expérimental abrite un laboratoire ainsi que des salles de réception destinées à encourager les échanges intellectuels et faciliter l'accès à la recherche. Situé au cœur du campus de la Technische Universität (Université technique) de Dresde, The CUBE présente une silhouette reconnaissable. Son étonnante forme de torsade dynamique a été rendue possible par l'emploi de ce béton renforcé avec des fibres de carbone, d'une souplesse incomparable par rapport aux matériaux traditionnels. Ce béton, moins polluant lors de sa fabrication, est en outre quatre fois plus solide que le béton armé classique.

The CUBE, Dresde, Allemagne, 2022

Les techniques de construction de demain

Le processus de conception adopté par les architectes de HENN pour tous leurs projets est collaboratif, interdisciplinaire et exploratoire. The CUBE a été élaboré en étroit partenariat avec le cabinet AIB GmbH Architekten Ingenieure et l'équipe de l'Institut de construction massive de l'Université technique de Dresde, dirigée par le professeur Manfred Curbach. Des architectes, des experts dans le domaine des matériaux et des graphistes en 3D de l'agence ont œuvré ensemble : « Ce processus de conception ouvert a permis de mener en parallèle des tests de résistance sur les matériaux et des essais sur l'aspect du bâtiment.
L'expérience s'est avérée concluante tant du point de vue technique que sur le plan architectural », soulignent les architectes. Les qualités esthétiques du bâtiment sont sans conteste l'un de ses atouts majeurs. La légèreté du béton fibré favorise la souplesse formelle grâce à la nature fluide, textile des fibres de carbone. Ainsi, le plafond et les murs constituent une surface continue et incurvée, qui donne à l'édifice une allure organique.
Ses concepteurs estiment que The CUBE représente « une vision de l'architecture à venir, alliant respect de l'environnement et liberté accrue dans le choix des formes au point de remettre en cause tous les dogmes architecturaux de notre temps ». Le béton, apprécié des architectes de HENN pour son charme teinté de minimalisme et de brutalisme, est élevé ici au rang de matériau compatible avec le développement durable.

HENN

L'agence internationale d'architecture HENN a plus de 75 ans d'expérience en matière de construction de bureaux et autres édifices dédiés à la science, la santé, l'industrie ou la culture. Fondée en 1947 par Walter Henn, à Dresde, elle s'est également implantée à Munich en 1979 sous l'impulsion de son fils Gunter. Dirigée aujourd'hui par Martin Henn et plusieurs associés, l'équipe pluridisciplinaire composée d'architectes et d'ingénieurs dispose d'antennes à Berlin, Pékin et Shanghai. Son but est d'imaginer de nouvelles typologies et de faire avancer la cause du développement durable. HENN considère l'architecture comme un levier pour rendre les usagers plus responsables et inventer l'avenir.

AIB GMBH ARCHITEKTEN INGENIEURE

AIB GmbH Architekten Ingenieure, dont le siège est à Bautzen, est spécialisée dans plusieurs domaines, tels que les techniques anti-incendie, l'efficacité énergétique, l'isolation thermique et le béton renforcé par des fibres de carbone. Cette agence en ingénierie a supervisé la construction de The CUBE du point de vue technique.

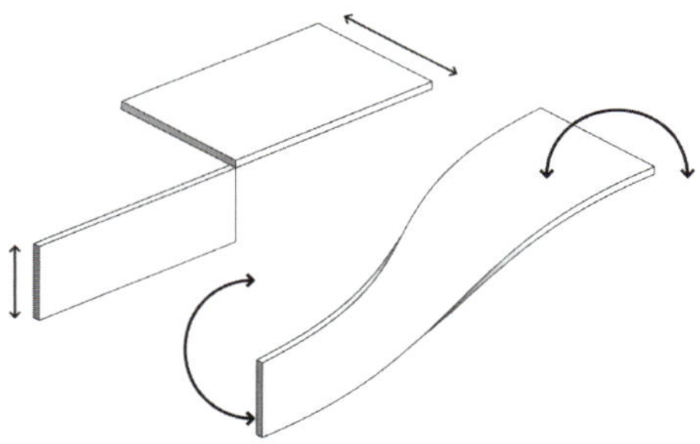

The CUBE, Dresde, Allemagne, 2022

Polysmiths

« Nos bâtiments sollicitent les sens. Ils invitent à profiter de la lumière naturelle, des matériaux, des sons et des odeurs, procurant de nouveaux plaisirs à chaque visite. » Charles Wu

Située dans les quartiers est de Londres, la Cork House offre une réponse originale à trois questions essentielles pour l'avenir de l'architecture. La première consiste à construire une maison écoresponsable et durable sur un site en dent creuse, autrement dit intercalé entre deux immeubles. La deuxième concerne l'apport de lumière au cœur d'une habitation bâtie dans la profondeur d'une parcelle et l'intégration de cours intérieures dans son plan. La troisième touche aux matériaux : comment utiliser davantage d'éléments naturels pour réduire les coûts et l'empreinte carbone, deux paramètres cruciaux du développement durable.

Charles Wu, le fondateur de l'agence Polysmiths, a conçu ce projet pour sa propre famille, sur un terrain abandonné qui tenait du jardin en friche, souffrant d'un accès difficile, d'un faible éclairage naturel et d'une vue limitée par les constructions en vis-à-vis. Pour achever ce chantier en pleine pandémie de Covid-19, l'architecte a dû relever bien des défis, dont l'acquisition de matériaux alors que certains venaient soudainement à manquer ou devenaient hors de prix. Ces obstacles l'ont incité à privilégier des ressources facilement disponibles, d'origine locale et de coût abordable, qui se sont par ailleurs révélées plus performantes qu'attendu du point de vue environnemental. Le projet s'est ainsi métamorphosé en une expérimentation sur des matériaux durables et renouvelables et sur une façon innovante de les employer. Charles Wu a ainsi revêtu de panneaux en liège les façades de sa maison, constituée d'une ossature en bois et de murs en plâtre de chaux. L'idée de recourir au liège s'est avérée gagnante puisqu'il s'agit d'un isolant thermique de premier ordre et facile à traiter pour résister aux incendies.

Cork House, Londres, Royaume-Uni, 2022

Créer une expérience immersive

Les textures et couleurs choisies par l'architecte produisent un résultat à la fois esthétique et confortable. La Cork House, en parfaite harmonie avec ses cours arborées et irriguée de lumière naturelle, offre une expérience multisensorielle. Les restrictions locales quant à la hauteur maximale du bâtiment ont conduit l'architecte à faire creuser le sol pour obtenir deux niveaux, ce qui modifie sensiblement la perception spatiale du site. L'intérieur est divisé en une partie publique, accessible à tous depuis l'entrée principale et comprenant une cuisine, une salle à manger et un salon, et une privative, qui accueille notamment les chambres. Un escalier et un puits de lumière placés au milieu de la maison séparent les deux espaces. La lumière provenant des cours intérieures participe à l'atmosphère chaleureuse qui règne dans les pièces et souligne la beauté des matériaux naturels. La plus grande des cours est bordée de baies vitrées coulissantes qui relient en douceur l'intérieur à ce jardin clos. Ces ouvertures offrent également l'avantage d'une efficace ventilation transversale. Le puits de lumière, les lucarnes, les fenêtres à l'étage et un espace vide à l'arrière de la maison complètent l'apport en éclairage naturel, qui est ainsi équitablement réparti.
D'autres solutions de construction passive, comme l'orientation au nord de la façade la plus courte, l'enfouissement partiel de l'une des chambres à coucher afin d'améliorer son équilibre thermique et l'insertion des fenêtres de la façade sud dans la face interne du bardage pour restreindre l'entrée du soleil à l'intérieur de la maison, ont également prouvé leur grande utilité.

Cork House, Londres, Royaume-Uni, 2022

POLYSMITHS

Charles Wu a créé l'agence londonienne Polysmiths en 2019, après quinze années passées au sein de cabinets d'architectes aussi prestigieux que David Chipperfield ou Heatherwick Studio. Il a travaillé sur des hôtels, des bâtiments résidentiels et dans le domaine de la décoration intérieure, tant en Europe qu'à Hong Kong. Le nom de son agence unit à dessein les termes *poly* (« multiple ») et *smiths* (« artisans »). Charles Wu aime recourir à l'artisanat traditionnel dans le cadre de ses projets, que ce soit la sculpture sur pierre, le travail du métal ou la céramique. Il conçoit l'architecture selon un esprit cinématographique : l'enchaînement des espaces favorise le mouvement et suscite des émotions. Dans cette « expérience immersive, chaque instant raconte une histoire ».

INNOVATION ÉCORESPONSABLE

Lorsque l'on parle d'innovation en architecture, on a souvent à l'esprit des bâtiments dernier cri équipés d'inventions technologiques de pointe. Certains éléments *high-tech*, comme les panneaux solaires, font désormais partie du paysage et se fondent dans la structure des édifices. Mais, ainsi que nous le verrons au fil de ce chapitre, l'innovation ne se limite pas aux avancées dans le domaine de la technologie. En effet, les architectes abordent cette question sous plusieurs angles, dans le cadre d'une conception holistique de l'architecture. Dans leur quête de réponses durables face aux besoins d'un monde en plein bouleversement, aux nouveaux modes de vie et à l'urgence climatique, les agences élaborent des projets très novateurs, même s'ils sont parfois expérimentaux. Certaines proposent des structures entièrement démontables et des bâtiments qui, composés d'éléments modulables et transformables selon les nécessités du moment, bénéficient d'une durée de vie accrue. D'autres s'attachent à trouver une parade aux catastrophes naturelles à répétition et aux évolutions rendues inéluctables par le réchauffement de notre planète, comme la montée du niveau des mers et océans. La question d'une architecture plus respectueuse de l'environnement et mieux adaptée aux attentes spécifiques de ses usagers est également très présente à l'esprit des concepteurs. Enfin, l'inscription harmonieuse de l'édifice dans le contexte local et le paysage, qu'il soit urbain ou rural, est souvent aujourd'hui une priorité. Si de nombreuses solutions sont désormais connues et éprouvées, il reste à faire évoluer les mentalités afin que la démarche écoresponsable devienne instinctive. Les architectes dont les œuvres sont sélectionnées dans ce chapitre ont su prendre les devants et intégrer tous ces paramètres à leur réflexion.

Bjarke Ingels Group Heatherwick Studio

« Un campus qui réunit la technologie et l'architecture, la forme et la fonctionnalité, réunis pour former une structure hybride spectaculaire » Bjarke Ingels

Deux agences d'architecture et de design d'avant-garde, connues pour leur sens de l'innovation, se sont associées afin de concevoir Bay View, le tout premier campus de Google. L'un des buts affichés est qu'il fonctionne entièrement à l'énergie décarbonée à l'horizon 2030.
Le complexe, situé au cœur de la Silicon Valley, en Californie, comprend trois bâtiments accueillant des espaces de travail et un centre de conférences. Tous trois sont couverts de vastes auvents équipés de 50 000 panneaux solaires qui, vus du ciel, ont l'allure d'écailles de dragon. Outre une impression certaine de légèreté, la structure présente l'avantage d'offrir une grande surface ouverte sous cette voûte, sans qu'il y ait besoin d'ajouter des colonnes ou des murs porteurs.
Au rez-de-chaussée de l'édifice principal, les architectes ont aménagé des espaces de convivialité et de rencontre. Les bureaux et les salles de réunion sont regroupés à l'étage. Des plateformes en gradins permettent d'ajuster la surface des pièces en fonction des besoins et des effectifs. Les deux niveaux sont reliés par une série de cours intérieures et de rampes qui facilitent les déplacements et reflètent, selon Heatherwick Studio, l'esprit participatif et ouvert propre à Google. L'ambition des architectes était que chacun bénéficie d'une vue à la fois globale du bâtiment et sur l'extérieur grâce à d'amples baies vitrées. « La superstructure en forme d'auvents qui couvre l'ensemble est le résultat de recherches approfondies en vue d'édifier un complexe parfaitement fonctionnel, économe en énergie et à un coût maîtrisé », expliquent les architectes de Bjarke Ingels Group (BIG). Une réduction du bruit et des déperditions de chaleur sont les autres atouts de cette construction novatrice.
L'exploitation maximale des ressources photovoltaïques entraîne une baisse sensible des frais d'électricité. La structure en acier tubulaire dans laquelle sont enchâssées les fenêtres à claire-voie placées entre les auvents limite l'éblouissement provoqué par la lumière du soleil sans pour autant priver l'intérieur des bâtiments de clarté naturelle.

Google Bay View, Mountain View, Californie, États-Unis, 2022

Objectif pour 2030 : une énergie décarbonée 7 jours sur 7, 24 heures sur 24

Cet objectif ambitieux repose sur la capacité des panneaux solaires à capter le maximum d'énergie et sur une utilisation responsable des ressources en eau. La structure ondulante qui recouvre le toit a été l'objet de tous les soins. « Chacun des auvents est équipé de panneaux photovoltaïques développés spécialement pour ce projet et conçus pour s'intégrer harmonieusement aux tuiles métalliques adjacentes tout en produisant une énergie suffisante pour alimenter le campus », précise Heatherwick Studio. De plus, des puits géothermiques extraient du sol la chaleur nécessaire au chauffage des bâtiments en hiver et assurent leur refroidissement en été. Le campus possède ainsi le réseau de puits géothermiques le plus étendu d'Amérique du Nord. Les vastes espaces verts ont été quant à eux aménagés pour faciliter la collecte des eaux. L'ambition affichée est de récupérer, traiter et réutiliser toutes les eaux – pluviales comme usées – afin de ne pas affecter le niveau de la mer ni l'environnement naturel aux alentours. En cela, le campus contribue à la préservation de la faune et de la flore menacées de la région et au bien-être des espèces sauvages.
« Le design suit scrupuleusement les trois fils directeurs définis dans la feuille de route de Google : innovation, nature et communauté locale – l'ensemble est mû par un souci de flexibilité fonctionnelle et par la volonté d'offrir une expérience extraordinaire aux utilisateurs afin de susciter un esprit de bonne collaboration et de créativité », expliquent les architectes de BIG. Leur but était de créer un lieu accueillant, propice à l'inspiration et où l'on circule facilement entre ses deux niveaux plutôt que de recourir à des bureaux traditionnels sur plusieurs étages.
Ce projet très novateur marque une nouvelle étape dans la conception des espaces de travail, grâce à une approche qui ne se limite pas aux aspects structurels ou matériels, mais englobe également l'écologie. Ces trois éléments sont réunis ici de manière cohérente et se complètent mutuellement.

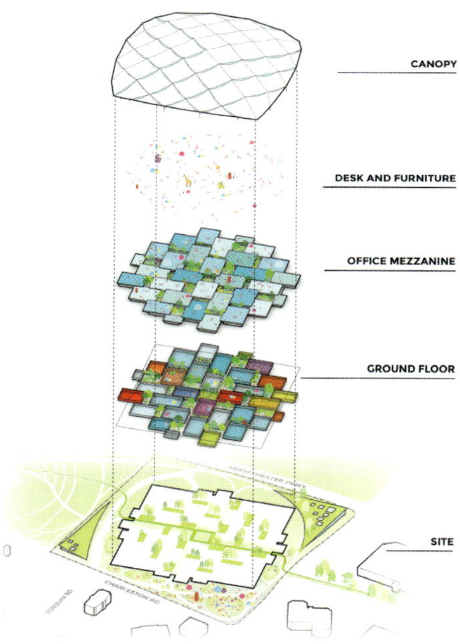

BJARKE INGELS GROUP

Fondé par Bjarke Ingels, BIG est réputé pour ses projets novateurs, originaux et durables, qui démontrent tous une analyse subtile de l'évolution des modes de vie, des échanges mondiaux et des technologies. L'agence est désormais implantée à Copenhague, New York, Londres, Barcelone, Shenzhen, Los Angeles et Oslo. « Pour relever les défis posés par le monde actuel, nous sommes convaincus que l'architecture a tout intérêt à s'engager sur une voie qu'elle a encore trop peu explorée : celle où le pragmatisme et l'utopie se fécondent réciproquement. En tant qu'architectes, nous retrouverons la liberté de changer la surface de notre planète pour l'adapter aux nécessités de notre époque », proclame Ingels.

HEATHERWICK STUDIO

Heatherwick Studio, fondé à Londres par Thomas Heatherwick, s'est donné la mission d'« améliorer pour tous le monde qui nous entoure ». Le studio de design, qui abrite également un atelier de conception, réalise des projets très divers et de dimension variable, de simples objets à des bâtiments et infrastructures. Très impliqués dans les programmes de développement social, les designers s'efforcent de trouver des solutions alliant structures ingénieuses et matériaux novateurs. « Nous travaillons comme des inventeurs à l'esprit pratique, sans style défini, car notre motivation est de créer des lieux intéressants et pleins d'âme qui épousent et rendent hommage à la complexité de notre monde. »

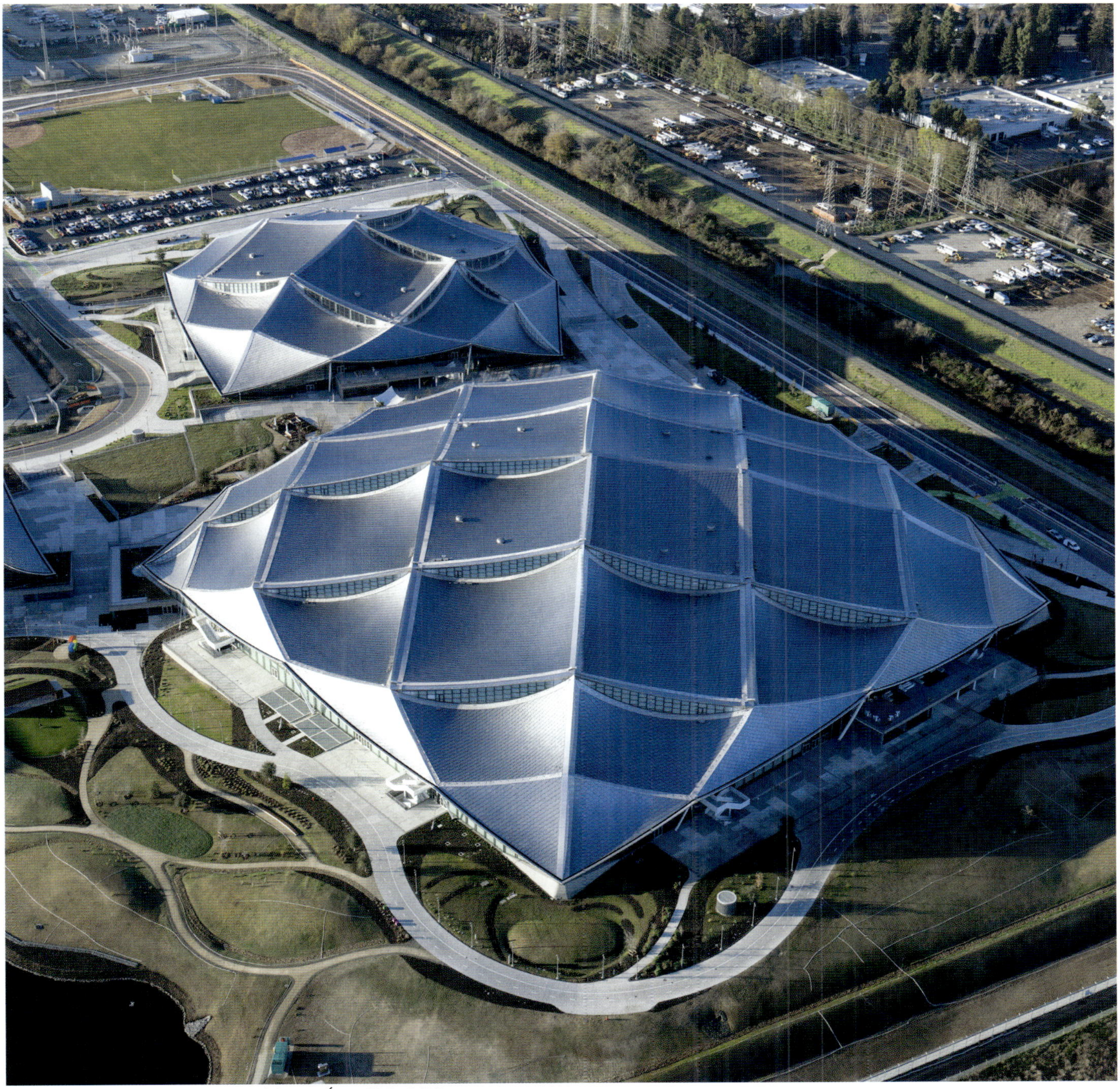
Google Bay View, Mountain View, Californie, États-Unis, 2022

Pekka Littow

« L'objectif du projet Majamaja est de montrer comment une architecture à petite échelle et qui recourt aux technologies vertes peut compenser les édifices de grande dimension et les systèmes d'approvisionnement centralisés en réseau. »

Soucieux de minimiser l'impact environnemental de ses réalisations, l'architecte finlandais Pekka Littow a conçu non loin du centre d'Helsinki des cabines confortables et entièrement autonomes. S'inspirant des techniques traditionnelles de construction de son pays natal et désireux de préserver la coexistence pacifique entre l'espèce humaine et la nature, l'architecte a mis au point un modèle qui se passe de tuyaux et de câbles et ne modifie pas le paysage. Grâce à une démarche globale, l'empreinte du village de vacances Majamaja a été réduite au strict minimum, dans un esprit de durabilité qui constitue l'essence du projet. Partant du principe que l'autonomie en eau et en énergie est un défi clé de la vie quotidienne, Littow a fait en sorte que la production et la consommation de ces deux ressources soient équilibrées au sein de ces cabines. Elles sont donc équipées de capteurs d'énergie verte et de collecteurs d'eau de pluie associés à un système de purification qui permet de recycler l'eau en circuit fermé. À contre-courant d'une consommation inconsidérée, toutes ces innovations technologiques brevetées sont respectueuses de l'environnement. Elles évitent un raccord aux réseaux d'énergie et de traitement des eaux sans que le confort des résidents ne s'en ressente. Majamaja compte à ce jour quatre cabines, qui ont été préfabriquées en France et assemblées sur place sans aucun engin de chantier ni même de route d'accès. Le système de filtration d'eau de pluie et de la mer Baltique traite également les eaux usées, ainsi réutilisables pour arroser les plantes présentes sur le site. Il fonctionne grâce à l'électricité fournie par les panneaux solaires installés sur le toit des cabines. Le dispositif énergétique est complété par une éolienne alimentant des batteries à haute performance.

Village de Majamaja, Helsinki, Finlande, 2023

Optimiser l'expérience hors réseau en respectant l'environnement

Les recherches menées afin d'améliorer l'usage des ressources hydriques et énergétiques tout en limitant l'empreinte environnementale allaient de pair avec un souci de fonctionnalité et d'élégance des cabines. Celles-ci sont construites dans des matériaux naturels et sains, avec une prédominance du bois provenant d'exploitations locales certifiées. On retrouve le bois dans l'aménagement intérieur. Pour profiter au mieux de l'espace sous le toit en pente, la chambre à coucher a été aménagée sur une mezzanine qui surplombe la cuisine et un local technique.

Chaque cabine dispose d'une douche et de toilettes sèches, dont les déchets compostés sont recyclés comme engrais. Au rez-de-chaussée, la cuisine et le séjour forment un espace ouvert, équipé de meubles pliants pour accroître la modularité. Le volet de la baie vitrée découpée dans la façade côté mer peut être abaissé pour créer une petite terrasse, véritable point d'immersion dans la nature. L'allure résolument minimaliste et compacte des cabines accentue leur aspect fonctionnel et leur élégance, deux qualités soulignées par les lignes épurées du mobilier. Les teintes naturelles sont en harmonie avec les arbres et la végétation alentour.

Donnant l'impression de se fondre dans le paysage, ces cabines autonomes offrent des espaces de vie chaleureux à leurs résidents, qui peuvent profiter de la beauté de la nature sans l'altérer. Pekka Littow prévoit de réutiliser toutes les solutions durables mises en œuvre ici pour élaborer des projets plus complexes.

Village de Majamaja, Helsinki, Finlande, 2023

PEKKA LITTOW

L'architecte finlandais Pekka Littow s'est spécialisé dans des constructions qui optimisent l'utilisation des ressources naturelles. Il travaille entre la Finlande et Paris, siège de l'atelier Pekka Littow Architectes, qu'il a cofondé avec Sophie Cabanes. Leurs réalisations vont des espaces résidentiels aux locaux commerciaux en passant par des centres de conférence, des galeries d'exposition ou du mobilier. Dans la foulée du village Majamaja, Pekka Littow entend développer les mêmes procédés de consommation et de recyclage d'eau et d'énergie pour des bâtiments à plus grande échelle. L'objectif à long terme de l'architecte « est de transformer cette idée innovante en une tendance de fond pour tous les logements ».

LAND arquitectos

« Ce projet entend devenir une référence pour toutes les écoles rurales situées dans des zones à risque. Par sa conception originale, il vise à motiver les élèves habitant une campagne chilienne frappée par la pauvreté, les aléas économiques de l'agriculture et les désastres naturels. »

Le Chili a connu à l'été 2017 des incendies records dans son histoire. Le centre et le sud du pays ont été particulièrement touchés, surtout la région du Maule, considérée comme l'épicentre des départs de feux. Des villes entières ont été détruites, ainsi que l'école de Ranchillos, un établissement public accueillant les élèves des communes agricoles aux alentours. Grâce à un accord de financement public-privé, l'agence LAND arquitectos a pu construire un nouvel édifice, destiné à une vingtaine d'enfants. Les élèves, les enseignants, les familles et les communes ont été partie prenante du projet, car les architectes avaient pour objectif de promouvoir l'instruction par le biais de cet espace auquel tous ont apporté leur contribution.

« La mise en pratique des enseignements de la neuro-architecture, tels que l'augmentation du nombre de mètres carrés par élève, l'éclairage naturel zénithal, le confort thermique, l'importance de l'acoustique et du jeu de couleurs a permis de repousser les limites de ce qui se faisait jusqu'alors », soulignent les architectes. Il s'agissait essentiellement de créer un climat propice aux apprentissages. Sur le plan esthétique, la nouvelle école s'inspire des bâtiments d'une ferme ou d'un hameau typiques de la campagne chilienne. Elle est ainsi composée de quatre pavillons indépendants les uns des autres, qui sont néanmoins reliés pour offrir un espace de relations sociales, important en zone rurale.

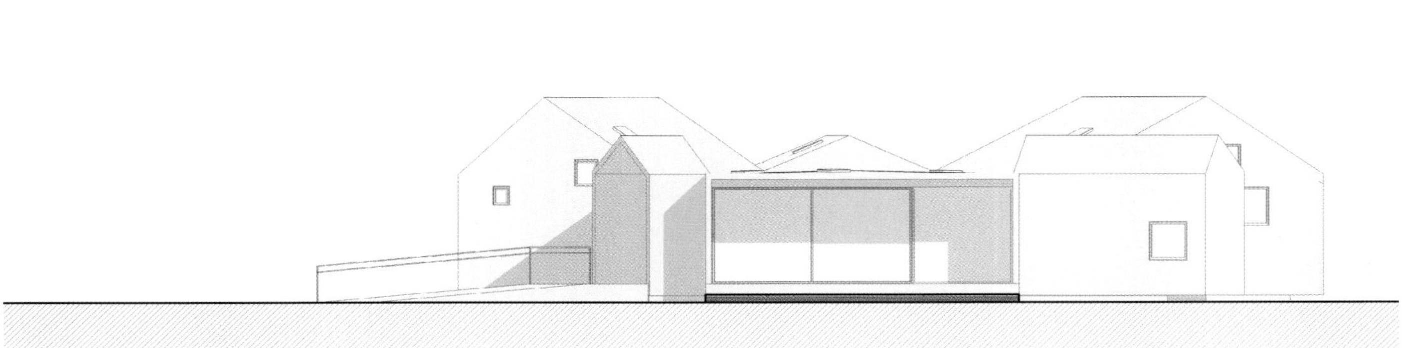

École rurale de Ranchillos, Huerta de Maule, Chili, 2019

Une volonté ferme de s'inscrire dans la durée

Pour correspondre aux différents enseignements prodigués, la configuration de chacun des pavillons est adaptée à leurs besoins spécifiques. Au centre du complexe, le pavillon commun polyvalent sert de point de rencontre et d'échanges. La structure des bâtiments est en pin mais, conformément aux normes anti-incendie en vigueur dans les écoles, le bois a été entièrement recouvert, côté intérieur, de plaques de plâtre cartonnées. Les murs extérieurs sont revêtus d'un pare-feu constitué de panneaux d'aluzinc Geoclad pliés selon un schéma aléatoire. Prenant en compte les teintes dominantes de la campagne environnante, les architectes ont opté pour des façades unies bleues et jaunes, qui permettent à l'école de se fondre dans le paysage tout en lui donnant un aspect joyeux et dynamique.

Dans les classes, les revêtements respirants sélectionnés pour les sols, les murs et les plafonds, ainsi que des plafonds à double pente assurent une ventilation optimale. Des puits de lumière fournissent un éclairage naturel et une isolation renforcée de toutes les surfaces garantit un confort thermique de qualité. Enfin, des persiennes protègent les salles contre la lumière vive du soleil, solution bienvenue dans une région où les zones ombragées sont rares.
À l'emplacement de l'ancienne école détruite par les flammes sont désormais cultivés des légumes destinés à la cantine. Ce jardin potager comprend également une serre et une cave de stockage.

LAND ARQUITECTOS

L'agence chilienne LAND arquitectos a été fondée en 2007 par Ángela Delorenzo Arancibia et Cristóbal Valenzuela Haeussler. L'équipe, composée d'architectes, de paysagistes et d'urbanistes, s'engage à proposer des solutions écoresponsables et innovantes susceptibles d'améliorer la relation entre le bâti et la nature. Ses processus de conception intègrent des initiatives environnementales et sociales destinées à promouvoir les valeurs locales dans une perspective de long terme. Pour toutes ses réalisations, qui vont de la maison individuelle à la ville nouvelle, l'agence tient compte de paramètres écologiques, sociaux et économiques. Par exemple, chacun d'eux est modulable, afin d'en modifier la fonction si le besoin s'en fait sentir. LAND arquitectos estime qu'un aménagement agréable de l'espace influe positivement sur le comportement des usagers et stimule l'innovation.

White Arkitekter

« En tenant compte des valeurs sociales et environnementales mais aussi financières, comme le retour sur investissement à long terme, nous réalisons un projet durable, respectueux de l'environnement et économiquement viable. »

L'agence suédoise White Arkitekter est réputée pour son engagement écoresponsable et ses innovations en matière de développement durable, un impératif qu'elle place au cœur de ses projets. Un employé sur dix travaille au sein d'un laboratoire spécialisé dans l'expérimentation et la mise en pratique de ces solutions en faveur d'une architecture plus verte. Les architectes ont pour principaux objectifs de réduire les déchets, d'utiliser intelligemment les nouvelles technologies et de recourir à des matériaux sourcés localement ou recyclés dans un esprit de circularité. L'architecture durable, cela signifie pour les équipes de l'agence des espaces qui permettent à leurs occupants d'être en harmonie avec l'écosystème et qui leur offrent un environnement sain. Chacun des projets commence par une analyse de sa pérennité.

Pour concevoir l'immeuble Celsius, un centre de recherche et laboratoire scientifique situé dans le Science Park d'Uppsala, White Arkitekter a recouru à la puissance des outils numériques. L'équipe chargée du projet a ainsi évité des erreurs durant les phases de planification et de construction et pu limiter les modifications coûteuses. Celsius est considéré comme l'édifice le plus numérique de Suède : « Il n'y a aucun plan sur papier, les lunettes de réalité virtuelle ont remplacé les schémas traditionnels lors de la conception, et les ouvriers se sont servis de tablettes en lieu et place de documents imprimés pour mener à bien le chantier », précisent les architectes, qui se félicitent de l'efficacité en termes de productivité grâce à cette méthode innovante. Le gain de temps et l'estimation affinée des besoins en matériaux ont permis d'optimiser le budget de construction tout en augmentant la durabilité de l'édifice.

Centre de recherche et laboratoire Celsius, Uppsala, Suède, 2020

Le développement durable, un atout économique

La pérennité des bâtiments étant le critère essentiel de l'architecture durable, l'équipe de White Arkitekter a conçu l'immeuble Celsius afin qu'il reste en activité aussi longtemps que possible grâce à une structure modulaire pouvant s'adapter à de nouvelles fonctions. Il s'agissait aussi d'économiser les ressources naturelles et de les recycler. L'eau de pluie est ainsi réutilisée pour les toilettes. Des capteurs solaires, placés sur la façade plutôt que sur le toit, ajoutent en outre une touche d'originalité. Avec sa teinte rouge rouille et ses formes géométriques épurées, l'édifice en béton préfabriqué s'insère harmonieusement parmi les autres bâtiments du Science Park. Son aspect monolithique est adouci par les grandes fenêtres qui ponctuent les façades. La construction s'ordonne autour d'une cour intérieure à éclairage zénithal, qui procure une lumière naturelle aux bureaux grâce à d'amples baies vitrées. Les murs de cette cour sont recouverts de panneaux acoustiques multicolores qui accentuent la verticalité et égayent l'ensemble.

WHITE ARKITEKTER

« Nous avons pour mission de favoriser un mode de vie durable grâce à l'architecture », est-il précisé dans le manifeste de White Arkitekter, agence fondée par Sidney White en 1951 et aujourd'hui détenue par un groupe d'associés. Elle conçoit des projets en architecture, urbanisme, aménagement paysager et décoration intérieure. Selon les experts de l'agence, résoudre les défis du monde contemporain passe par une diversité des expériences et une recherche pluridisciplinaire, ce qui est développé au sein de son laboratoire, le White Research Lab. Privilégiant une démarche holistique, White Arkitekter envisage de passer entièrement à une architecture régénératrice et sans incidence négative sur le climat à l'échéance 2030.

Centre de recherche et laboratoire Celsius, Uppsala, Suède, 2020

Space&Matter

« Vivre sur l'eau est une excellente solution pour les endroits où le changement climatique et l'élévation du niveau de la mer constituent un danger imminent. Ce mode de vie non seulement protège la population des catastrophes naturelles, mais aussi la nature elle-même. » Sascha Glasl

Rêvant de vivre dans un quartier au bord de l'eau, propice à la créativité et autonome en énergie, la réalisatrice de programmes de téléréalité Marjan de Blok est à l'origine du projet d'habitat flottant Schoonschip, conçu sur un canal à Amsterdam. Les futurs habitants ont travaillé avec l'agence Space&Matter pour mettre au point un schéma directeur et répartir les lots sous la forme d'un « passeport de parcelle » unique au sein de cet ensemble à l'architecture très diversifiée. Des passerelles partagées par plusieurs maisons installées sur l'eau les relient à l'infrastructure technique. Ces espaces communs astucieusement aménagés facilitent les rencontres informelles entre les membres de la collectivité. Au terme d'une dizaine d'années de travaux, le quartier, aujourd'hui achevé, se présente comme un exemple de développement durable doté des meilleures solutions pour faire face aux défis du changement climatique.

L'échelle de ce projet est assez impressionnante puisqu'il réunit quarante-six logements et plus d'une centaine de résidents. Malgré cette densité, tout est organisé pour le bien-être des habitants. Bénéficiant d'une vue dégagée sur le canal et le reste du quartier, chaque maison flottante a été construite dans un style différent, choisi par ses habitants avec l'aide d'un architecte. Space&Matter n'a édifié qu'une partie de ces bâtiments.
La diversité esthétique atténue l'impression de concentration des maisons en un seul endroit. Les logements, préfabriqués et assemblés sur place, sont spacieux et baignés de lumière naturelle. Les ouvertures ont été placées de manière à préserver l'intimité. À la surface intérieure, qui varie de 150 à 378 m², s'ajoutent de nombreux espaces extérieurs, comme les toits-terrasses qui permettent aux résidents de profiter de l'environnement aquatique. Des plantes en pot bordent les passerelles qui sinuent entre les habitations.

Quartier de Schoonschip, Amsterdam, Pays-Bas, 2021

Un quartier pionnier du développement durable sur l'eau

Très engagés dans la recherche de solutions pratiques pour répondre aux défis du monde contemporain, les responsables de Space&Matter insistent sur le fait que « l'échelle du quartier est idéale pour les changements, car elle convient à une expérience humaine de développement durable ». L'ensemble de maisons éco-performantes Schoonschip créé à Amsterdam repose sur un modèle complexe, qui allie une approche circulaire de l'architecture à diverses innovations technologiques. Ainsi, les résidents disposent d'un réseau d'approvisionnement électrique intelligent, qui permet de partager l'énergie photovoltaïque produite par les cinq cents panneaux solaires installés sur les toits des maisons. Ce courant vert à 100 % est stocké dans des batteries – chaque maison en accueille une. Au moins un tiers de la surface des toits est en outre végétalisé pour assurer une isolation thermique optimale et récupérer les eaux de pluie. Le réseau comporte également un système de traitement des eaux et des déchets, de même que des pompes à chaleur immergées pour le chauffage et le refroidissement de l'air. Une partie du quartier est reliée à une bioraffinerie opérant à petite échelle, qui récupère les matières premières contenues dans les eaux usées et provenant de broyeuses d'aliments. Outre qu'elle alimente les habitations, l'énergie produite sert aussi aux voitures et aux vélos électriques partagés. Les résidents de Schoonschip continuent à améliorer leur quartier en vue d'en faire un ensemble autosuffisant. Inspirée par la « théorie du *donut* » de l'économiste britannique Kate Raworth, l'agence Space&Matter encourage les gens à développer une gestion responsable de leur lieu d'habitation, afin d'atteindre un mode de vie sain et respectueux de la planète.

SPACE&MATTER

Fondée par Sascha Glasl, Tjeerd Haccou et Marthijn Pool en 2009, l'agence Space&Matter se consacre aux nouvelles formes d'urbanisme et à l'aménagement de zones à fonctionnement circulaire. Installée à Amsterdam, l'équipe pluridisciplinaire a d'abord conçu Water voor Wonen («de l'eau pour vivre» en néerlandais), un quartier flottant dans les polders. Qu'il s'agisse de plans d'urbanisme, d'édifices ou de quartiers, les réalisations de l'agence sont fondamentalement novatrices, placées sous le signe du développement durable et sortent des sentiers battus. En mettant les futurs habitants au cœur de leurs préoccupations, les architectes de Space&Matter créent des ensembles conviviaux dans un environnement sain. Leur expérience des milieux humides en a fait des experts reconnus pour toutes les questions liées au changement climatique.

Quartier de Schoonschip, Amsterdam, Pays-Bas, 2021

Waugh Thistleton Architects

« Nous optons pour des matériaux et des méthodes de construction qui tiennent compte des solutions de conception durable, innovantes et originales, liées aux progrès technologiques. »

Désireuse de promouvoir l'architecture comme une discipline engagée en faveur du développement durable, l'agence Waugh Thistleton Architects est passée maître dans l'utilisation du bois comme matériau de construction. Forte d'une expérience de trente ans, elle est devenue le référent absolu en la matière, pour tous types de projets, quelles que soient leurs dimensions. La qualité indéniable de ses réalisations a rendu au bois ses lettres de noblesse et démontre son potentiel illimité. Deux projets de l'agence méritent en particulier d'être mentionnés.

Bâti à Londres, l'immeuble d'habitation Dalston Works était, au moment de sa livraison en 2017, le plus grand bâtiment au monde dont la structure est entièrement en bois lamellé-croisé. Malgré une forte densité, il offre un cadre de vie sain. Grâce au bois, le poids de l'édifice correspond à un cinquième de ce qu'il aurait été s'il avait été construit en béton. De plus, les nuisances de chantier furent moindres, les livraisons sur le site ayant été réduites de 80 %. « Le bois a permis de faire fondre l'empreinte carbone du bâtiment, concernant à la fois la production des matériaux, le temps passé et la consommation d'énergie en phase construction », soulignent les architectes. Comprenant des immeubles de différentes hauteurs, qui s'échelonnent entre cinq et dix étages afin d'offrir un maximum de lumière naturelle aux résidents, le complexe s'intègre aussi parfaitement dans son environnement. Suivant cet esprit, les façades ont été recouvertes de briques.

The Black & White Building, Londres, Royaume-Uni, 2022

The Black & White Building, Londres, Royaume-Uni, 2022

Un retour du bois en ville

L'édifice Black & White, réalisé en 2022 dans le même quartier londonien que le projet précédent, incarne encore davantage le regain du bois comme matériau de construction au XXIe siècle. Waugh Thistleton Architects a fait en sorte que chacun de ses éléments soit aussi performant que possible. L'ossature en bois de cet immeuble de bureaux est entrecoupée de hautes baies vitrées, parcourues presque de haut en bas d'une série de fins poteaux qui animent sa façade. Hybride, la structure associe un cadre en placage lamellé de hêtre et des dalles en lamellé-croisé, ce qui a permis de créer des surfaces sans cloisons aussi vastes que possible. Cette configuration a pour principal avantage la modularité des espaces intérieurs, aisément ajustables et modifiables selon les besoins. L'apport de lumière naturelle est régulé par un ingénieux système de persiennes. « Nous nous sommes fondés sur un modèle théorique simulant les déplacements du soleil sur la façade pour déterminer la disposition optimale et la forme des persiennes », expliquent les architectes. L'agence souhaitait proposer un environnement de travail sain et d'un style élégant, dénué de toute « fioriture architecturale inutile ». L'immeuble, en tout point conforme aux exigences du développement durable, est aussi fonctionnel et d'une esthétique qui garantit son insertion réussie dans le tissu urbain du quartier.

WAUGH THISTLETON ARCHITECTS

Andrew Waugh et Anthony Thistleton ont fondé leur agence à Londres en 1997, avec l'ambition de mettre en œuvre de nouvelles méthodes de construction. Leur premier édifice en bois lamellé-croisé a été livré en 2003, et ils font figure de pionniers dans le domaine des bâtiments en bois de grande taille. On leur doit divers immeubles de logements, des maisons individuelles, des bureaux, des espaces commerciaux ou à usage mixte, tant au Royaume-Uni que dans d'autres pays. Waugh Thistleton Architects s'inspire systématiquement de la nature du site, du contexte culturel, social et historique, pour y implanter un bâtiment conforme aux principes du développement durable – son objectif fondamental. Toujours à la pointe du progrès, les membres de l'agence mènent des recherches, donnent des cours et des conférences tout en poursuivant leurs expériences innovantes en architecture bois.

Dalston Works, Londres, Royaume-Uni, 2017

Breathe
Architecture architecture
Austin Maynard Architects
Clare Cousins Architects
Hayball
Kennedy Nolan

« Nous nous demandons systématiquement si nous avons besoin de tel ou tel élément, de tel ou tel matériau, et de quelle manière nous pouvons limiter l'impact de la construction sur l'environnement. » Dan McKenna

Le but de Nightingale Housing, une association australienne à but non lucratif dirigée par Dan McKenna, est de produire des logements pérennes, qui participent à la réduction des émissions de carbone. Les six immeubles mitoyens qui composent le Nightingale Village à Brunswick, dans la banlieue de Melbourne, ont été conçus selon une démarche holistique de développement durable. Chaque bâtiment a été construit par une agence d'architecture différente : Nightingale Evergreen par Clare Cousins Architects, Nightingale Leftfield par Kennedy Nolan, CRT+YRD par l'agence Hayball, ParkLife par Austin Maynard Architects, Urban Coup par les agences Architecture architecture et Breathe, et Nightingale Skye House par Breathe.
Cet ensemble novateur est guidé par les principes de l'habitat passif et une volonté de restreindre la quantité de matériaux utilisés. Il ouvre la voie à une nouvelle philosophie de la construction, qui s'attelle à développer des quartiers à dimension humaine plutôt que de n'envisager les biens immobiliers que comme de simples marchandises. L'agence Breathe est à l'origine du projet, ayant acheté le terrain et construit le premier immeuble, Nightingale 1.

Nightingale Village, Brunswick, Melbourne, Australie, 2022

6

De la planification à la vente des appartements, l'équipe a privilégié les valeurs de transparence et d'équité. Les autres agences qui se sont ensuite jointes à cette aventure ont chacune apporté leur touche esthétique tout en respectant le même cahier des charges, l'objectif étant de montrer qu'un logement peut être socialement, économiquement et écologiquement durable. « De la construction à l'entretien, nous avons pensé chaque édifice en veillant à réduire la consommation d'énergie, les émissions de carbone et les déchets », soulignent les concepteurs de Nightingale. Le Village est situé dans un quartier bien desservi par les transports en commun, bénéficiant d'un accès facile aux solutions de covoiturage et aux pistes cyclables, de sorte que l'utilisation de la voiture est superflue pour la plupart de ses habitants. Les parkings ont d'ailleurs été réduits au strict minimum.

Donner accès à des logements abordables et durables

L'engagement pris par les architectes de livrer des habitations fonctionnant entièrement à l'électricité et sans combustible fossile a nécessité de recourir à une palette de matériaux recyclés, naturels et d'origine locale. Les bâtiments préexistants sur le site ont été démantelés, et la plupart de leurs composants réutilisés. Chaque matériau ou élément architectural, qu'il fût neuf ou de réemploi, devait remplir deux critères essentiels : être qualitatif et exempt de finitions potentiellement nocives.

Nightingale Village, Brunswick, Melbourne, Australie, 2022

Nightingale Village, Brunswick, Melbourne, Australie, 2022

Cette règle a été suivie dans les moindres détails, y compris pour les rambardes et autres armatures, toujours en laiton brut ou en métal non traité, afin de bannir les produits chimiques dangereux contenus dans le chromage. Le choix très rigoureux des matériaux et leur quantité limitée ont considérablement réduit l'empreinte énergétique du projet, tout en assurant un environnement sain aux futurs occupants. En renonçant à proposer une seconde salle de bains dans les appartements et des places de parking individuelles, les architectes en charge de Nightingale Village ont réalisé de substantielles économies, compensées par un investissement dans le double vitrage et l'isolation pour améliorer le confort thermique. Les décisions prises dans le but de limiter l'impact environnemental ont aujourd'hui des répercussions positives sur les charges payées par les habitants : l'efficacité thermique des édifices garantit une température stable à l'intérieur des appartements tout au long de l'année, ce qui limite les frais de chauffage et d'air conditionné. Le tout-électrique permet en outre de réduire les rejets de gaz à effet de serre. Enfin, le Nightingale Village entend favoriser l'esprit communautaire grâce à ses nombreux espaces partagés, tels que des buanderies, des jardins potagers et des zones aménagées pour cuisiner en plein air, sans compter les toits végétalisés qui sont devenus un lieu essentiel d'interaction sociale. L'ensemble des espaces verts, y compris les plantes grimpantes en façade et les jardins en pleine terre, a un effet bénéfique sur la santé physique et mentale des habitants. Un système de captation des eaux de pluie et d'irrigation permet un arrosage régulier de la végétation.

BREATHE

L'agence d'architecture Breathe a été créée en 2001 à Melbourne par Jeremy McLeod et Tamara Veltre. L'ambition de ses fondateurs est de promouvoir des projets durables à l'effet positif sur l'environnement et accessibles au plus grand nombre.

ARCHITECTURE ARCHITECTURE

Fondée en 2012 par Michael Roper et Nick James, Architecture architecture construit essentiellement des logements et des établissements scolaires dans les quartiers où s'installent des familles. Désireuse d'offrir un environnement sain, solide et durable, l'agence soutient l'inclusion, les solutions participatives et la recherche de nouveaux modèles en architecture.

AUSTIN MAYNARD ARCHITECTS

Andrew Maynard a ouvert une agence d'architecture en 2002. Mark Austin l'a rejoint en 2007 et tous deux ont formé Austin Maynard Architects. Ils ont développé ensemble une vaste gamme de projets dans toute l'Australie. Aujourd'hui, leurs bureaux situés à Melbourne et à Hobart s'efforcent de mettre en pratique leur vision d'une architecture belle et résiliente, capable de relever les défis du changement climatique.

CLARE COUSINS ARCHITECTS

L'agence Clare Cousins Architects, dont le siège est à Melbourne, réalise des logements, des espaces de travail et des équipements culturels. Ses architectes sont convaincus que l'esthétique et la fonctionnalité des constructions ont une influence positive sur le mode de vie de leurs usagers. « Chaque projet nous offre l'occasion d'exprimer ce qui nous tient à cœur : donner du sens à un lieu et se montrer responsable à l'égard de notre environnement », déclarent-ils.

HAYBALL

Fondée en 1983 par Len Hayball, l'agence qui porte son nom s'est spécialisée dans les établissements d'enseignement, les espaces municipaux et les équipements culturels, tous construits dans un souci de durabilité sociale et environnementale. L'expérience de recherche pluridisciplinaire acquise par l'agence permet aux architectes de créer des bâtiments favorables à un épanouissement de la planète, des personnes et des communautés.

KENNEDY NOLAN

L'agence créée par Kennedy Nolan en 1999 propose des solutions innovantes, toujours en phase avec le contexte et le paysage, dans les domaines du logement et du quartier résidentiel. Elle a atteint la neutralité carbone dans toutes ses activités, et son équipe explore de nouveaux moyens pour faire évoluer l'impact de l'architecture sur l'environnement.

Kenneth C. Griffin
Exploration Atrium

Studio Gang

« Le bâtiment vous invite à plonger au cœur du vivant, à découvrir des organismes fascinants et à emprunter les chemins de la connaissance. » Jeanne Gang

Ses gratte-ciel hypermodernes aux formes résolument organiques, aux façades ondulantes et construits avec des matériaux innovants ont valu à Jeanne Gang l'estime de ses pairs et du grand public. Elle a également conçu des équipements culturels, dont plusieurs musées de renom. Bien que ses projets aient toujours une allure avant-gardiste, son style s'inspire clairement de la nature. Les efforts déployés pour rapprocher l'architecture et le monde végétal témoignent de son désir d'intégrer la biodiversité au cœur des villes. Jeanne Gang n'a d'ailleurs pas hésité à reconstituer une prairie sur le toit de ses bureaux à Chicago.

Son plaidoyer pour la reconversion-réhabilitation (plutôt que la destruction-reconstruction), moyen efficace de lutter contre le réchauffement climatique, l'a amenée à développer un parallèle entre l'architecture et la greffe des plantes. Cette technique ancestrale consiste à transférer la pousse d'une jeune plante sur une plus ancienne, afin que chacune d'elles profite de ce que l'autre apporte : jeunesse et fécondité d'une part, résistance au stress environnemental et aux agents pathogènes de l'autre. De la même manière, Jeanne Gang souhaite revivifier les bâtiments existants en leur greffant des espaces neufs, ce qui va bien au-delà d'une simple réhabilitation. Elle a théorisé ce concept original dans son ouvrage paru chez Park Books en 2024, *The Art of Architectural Grafting* [*L'Art de greffer en architecture*]. Le Richard Gilder Center for Science, Education and Innovation, nouvelle aile de l'American Museum of Natural History, à New York, montre la pertinence de sa démarche.

Richard Gilder Center for Science, Education, and Innovation, American Museum of Natural History, New York, États-Unis, 2023

Richard Gilder Center for Science, Education, and Innovation, American Museum of Natural History, New York, États-Unis, 2023

Un édifice qui suscite l'émerveillement

Situé en bordure de Central Park, l'American Museum of Natural History est une institution créée il y a 150 ans et qui rassemble aujourd'hui plus de vingt-cinq bâtiments sur un immense site. L'édifice réalisé par l'équipe de Studio Gang a pour but de faciliter l'orientation des visiteurs dans le dédale des collections. Grâce à une trentaine de ramifications dédiées à cet usage, il permet de relier dix parties du musée entre elles. Conçu pour être un exemple de développement durable et de pérennité, cet édifice pourra à l'avenir se voir attribuer d'autres fonctions, selon les besoins du musée. Le vitrage haute performance de la façade et un ratio fenêtres/murs raisonnable garantissent une moindre consommation d'énergie tout en laissant passer suffisamment de lumière naturelle pour éclairer le vaste atrium. Reproduisant les formes d'une cavité naturelle, la structure intérieure du Gilder Center est en béton projeté, une technique de construction généralement réservée aux infrastructures souterraines. Promesse de pérennité du bâtiment, y compris

STUDIO GANG

L'agence d'architecture et d'urbanisme Studio Gang a été fondée en 1997 par Jeanne Gang, qui en assure encore la direction. Son siège est à Chicago, avec des antennes à New York, San Francisco et Paris, et ses activités vont de la construction d'immeubles aux projets d'urbanisme à grande échelle en passant par la décoration intérieure et la scénographie d'expositions. Mus par un sens aigu des responsabilités et se servant de leur fine connaissance des villes où ils sont implantés, les architectes conçoivent des édifices « qui relient les gens entre eux, à leur quartier et à l'environnement ».

dans des conditions climatiques difficiles, elle améliore par ailleurs l'acoustique et l'éclairage. Le béton ayant été projeté directement sur des armatures modélisées numériquement et cintrées sur mesure, l'espace est parfaitement continu et n'a nécessité aucune finition supplémentaire. « À l'image d'une formation géologique poreuse lentement façonnée par le vent et l'eau, l'atrium central de cinq étages accueille les visiteurs comme un paysage insolite que l'on a envie d'explorer », expliquent les architectes. Ses contours étranges qui éveillent l'imagination et agissent sur tous les sens sont une invitation à déambuler dans l'ensemble du bâtiment. Des vitres conçues pour éviter que les oiseaux ne s'y cognent, le choix pour les espaces verts d'espèces locales et résistantes aux températures extrêmes, une consommation d'eau ingénieusement réduite à l'intérieur de l'édifice sont quelques-uns des éléments de la stratégie de développement durable élaborée par les architectes. Enfin, pour contrer l'effet inhérent à la verticalité de l'atrium, une stratification thermique a été mise en œuvre afin de maintenir l'air chaud dans les étages inférieurs, là où sont les visiteurs.

Yasmeen Lari

« Il est temps que chacun prenne conscience de la gravité de la situation. Mais je reste optimiste quant à notre capacité à créer des éco-environnements à caractère humain. »

Figure emblématique de l'architecture au Pakistan, Yasmeen Lari est connue pour d'importants projets qu'elle a menés à Karachi, la capitale économique du pays, notamment le Centre financier et commercial (Finance and Trade Centre), le siège de la compagnie pétrolière nationale, PSO (Pakistan State Oil), et la filiale locale de la banque néerlandaise ABN Amro. Elle a également conçu des immeubles résidentiels et des maisons individuelles, dont la sienne, dans un style brutaliste assez fascinant. Depuis sa cessation officielle d'activité, en 2000, Yasmeen Lari se consacre à l'architecture d'urgence et s'engage en faveur des plus démunis. Le tremblement de terre particulièrement meurtrier et dévastateur qui a affecté le nord du Pakistan en 2005 l'a incitée à mettre ses connaissances au service des populations en détresse. Elle s'inspire des techniques de construction traditionnelles et utilise des ressources naturelles locales pour créer des abris résistant aux aléas climatiques.

L'architecte exclut, par principe, tout ce qui est susceptible d'aggraver le réchauffement de la planète. Ses matériaux de prédilection, la boue séchée, la chaux et le bambou, lui permettent de réaliser des abris sûrs à partir de presque rien, sans l'aide d'engins et pour un coût extrêmement faible. Fournir un logement d'urgence aux personnes victimes de catastrophes naturelles s'inscrit dans son combat contre le dérèglement climatique. Au sein de la Heritage Foundation of Pakistan, Yasmeen Lari a développé le concept « d'architecture sociale aux pieds nus », qui vise, à terme, à la reconstruction de villages entiers emportés par les inondations.

Shelter for All in Pakistan («Un abri pour tous au Pakistan»), projet en cours

Techniques vernaculaires et matériaux décarbonés

Le projet Shelter for All in Pakistan («Un abri pour tous au Pakistan») repose sur une série d'expérimentations menées à la suite du tremblement de terre de 2005, dans le but de réaliser des logements d'urgence. L'abri Green KaravanGhar (GKG) a été construit à Swat et à Khairpur entre 2010 et 2011 à l'aide de matériaux locaux et de techniques traditionnelles. Associant des murs en pisé à une structure à croisillons en bambou, surmontée d'un toit plat également en bambou, ce refuge a deux qualités majeures : une empreinte carbone presque nulle et un faible coût de fabrication. Les projets pilotes élaborés par Yasmeen Lari, comme celui-ci, sont destinés à être implantés en tout type de lieu, en zone tant urbaine que rurale. «Cette structure écologique et durable offre un logement d'urgence adapté à toutes les populations défavorisées du Pakistan, et ce pour un prix très modique», soulignent les responsables de la Heritage Foundation of Pakistan. «Grâce aux conseils techniques prodigués par le biais d'un mécanisme participatif, il est possible d'installer de tels abris à un rythme rapide», ajoutent-ils. La configuration du refuge peut varier, d'une simple pièce à un espace plus complexe sur deux étages, avec cuisine et salle de bains, en fonction des besoins.

Dans le cadre de ses activités philanthropiques et pour lutter contre le réchauffement climatique, l'architecte a par ailleurs mis au point un modèle holistique de «village zéro carbone», qui consiste en communes rurales écoresponsables et durables. À ce jour, 700 000 villages de ce type ont été édifiés, qui ont pour effet d'accroître l'autonomie d'un très grand nombre de personnes démunies. Celles-ci disposent en outre des outils et des connaissances nécessaires pour prolonger le développement durable de leur lieu de résidence. Le Zero Carbon Cultural Centre (Centre culturel zéro carbone) situé à Makli, accueille les activités éducatives de la Heritage Foundation of Pakistan. Yasmeen Lari y organise des ateliers et des séances de formation dans un espace ouvert, constitué de panneaux en bambou et coiffé d'un toit en chaume. Non loin, un chantier modèle pour la construction d'abris est à la disposition des participants.
Un second centre de formation, baptisé Lari Barefoot Academy (LBA), fonctionne désormais dans le village de Pono Colony. Des centaines d'artisans et d'experts y sont sensibilisés aux questions de la sécurité alimentaire et reçoivent des conseils en matière de construction de logements adaptés aux aléas climatiques, de sanitaires et d'édifices scolaires.

Zero Carbon Cultural Centre, Makli, Pakistan, 2017

YASMEEN LARI

Première femme diplômée en architecture au Pakistan, Yasmeen Lari est une personnalité reconnue et hautement respectée. Entre 1969 et son départ à la retraite en 2000, elle a répondu à un grand nombre de commandes d'État et d'entreprises de premier plan. Certaines de ses réalisations sont d'ailleurs devenues des emblèmes du pays. Elle a cofondé avec son époux, l'historien Suhail Zaheer Lari, la Heritage Foundation of Pakistan, qui a pour mission de répertorier et de protéger l'héritage culturel du Pakistan. Yasmeen Lari partage son temps entre les activités de la Fondation et son engagement en faveur de l'architecture d'urgence.

Hawkins\Brown

« Notre ambition était que l'Urban Sciences Building incarne la recherche sur le développement durable, qu'il favorise l'innovation et encourage des partenariats fructueux. »

Prenant très au sérieux la lutte contre le dérèglement climatique et l'appauvrissement de la biodiversité, l'agence Hawkins\Brown œuvre pour une architecture à l'impact positif sur la société et l'environnement. Ses réalisations jouent un rôle à la fois social et écoresponsable, comme en témoigne l'Urban Sciences Building de la Newcastle University. Situé au cœur de la ville anglaise de Newcastle, le bâtiment s'inscrit dans le cadre du projet Newcastle Helix qui vise à régénérer et préserver les centres urbains. Il réunit le Centre pour l'intégration des systèmes énergétiques (Centre for Energy Systems Integration – CESI), l'école supérieure d'informatique rattachée à l'université et un observatoire urbain. Ce complexe pilote entend mesurer et surveiller les variables environnementales au sein du périmètre du Newcastle Helix et dans toute l'agglomération, grâce à un réseau de 9 000 capteurs répartis dans l'édifice et en ville. Il s'agit d'analyser la corrélation complexe entre les bâtiments, les infrastructures, les habitants et l'environnement pour en tirer des enseignements sur les interactions générées par chacun de ces facteurs. Un programme de suivi du développement durable a été conçu sur mesure avec des ingénieurs de BuroHappold. Il accompagne toutes les étapes de l'évolution de l'Urban Sciences Building, de sa conception à son exploitation en passant par la phase chantier. À l'instar de toutes les réalisations de l'agence, ce complexe résulte de recherches poussées, nourries par la conviction qu'une prise de conscience collective est susceptible d'atténuer les effets du changement climatique.

Urban Sciences Building, Newcastle University, Newcastle, Royaume-Uni, 2017

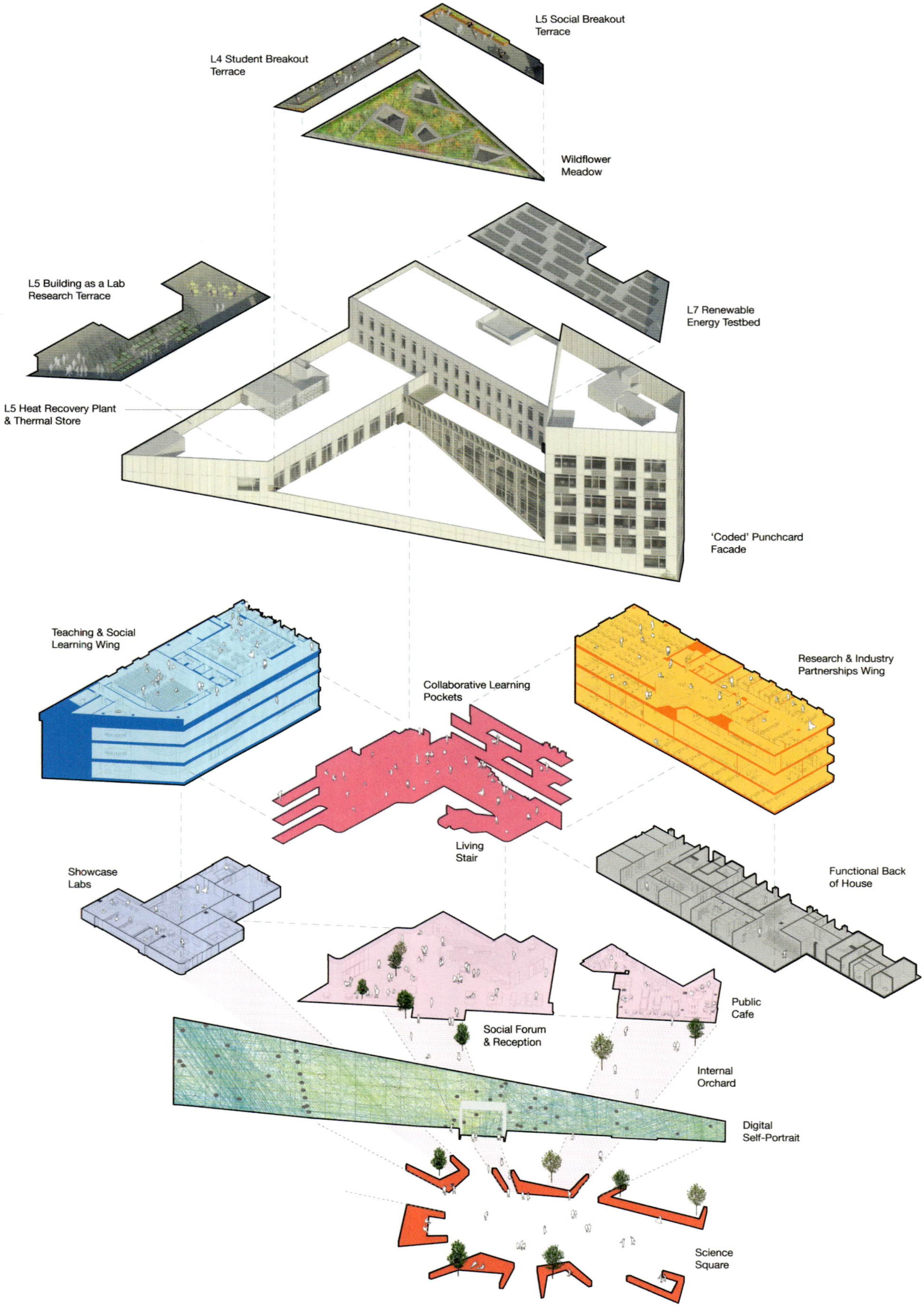

L5 Social Breakout Terrace
L4 Student Breakout Terrace
Wildflower Meadow
L5 Building as a Lab Research Terrace
L7 Renewable Energy Testbed
L5 Heat Recovery Plant & Thermal Store
'Coded' Punchcard Facade
Teaching & Social Learning Wing
Research & Industry Partnerships Wing
Collaborative Learning Pockets
Living Stair
Showcase Labs
Functional Back of House
Public Cafe
Social Forum & Reception
Internal Orchard
Digital Self-Portrait
Science Square

Un laboratoire vivant

Les salles de cours et les laboratoires de recherche sont rassemblés au rez-de-chaussée, qui comporte également un espace de discussion, un café et des laboratoires témoins où sont présentés et discutés les travaux en cours. Dans les étages supérieurs, des bureaux sont aménagés pour offrir aux usagers la quiétude indispensable à l'étude et à la réflexion. L'approvisionnement en énergie provient d'un système *high-tech* alimenté par une batterie de stockage et qui comprend des zones expérimentales en courant continu produit localement. Un biodôme installé sur le toit du bâtiment constitue l'une des autres innovations en matière de développement durable. Cette structure utilise la chaleur accumulée à l'intérieur de l'édifice, l'eau de pluie et le dioxyde de carbone émis par les laboratoires pour faire pousser des légumes et des fruits qui sont ensuite cuisinés dans le café-restaurant.

Les architectes continuent à améliorer les performances de l'Urban Sciences Building grâce à un «jumeau numérique» de l'édifice établi lors de sa construction, qui permet d'expérimenter de nouvelles technologies. Enfin, la façade vitrée du côté de l'entrée principale est recouverte d'une série de lignes, de cercles et de points élaborés avec le professeur Martyn Dade-Robertson. «Cette composition représente les différentes informations disponibles sur le site web de l'université, ainsi que l'infinie variété de réseaux et de connexions, saisis à un moment précis», expliquent les architectes. Une œuvre qui donne du caractère à l'ensemble tout en assurant une protection contre les rayons du soleil.

HAWKINS\BROWN

Fondée en 1988 par Roger Hawkins et Russell Brown, l'agence londonienne Hawkins\Brown est détenue depuis 2021 à 100% par ses employés. L'équipe s'est donné pour mission « d'être sérieuse vis-à-vis de la société et humaine en matière d'architecture » et de limiter l'impact de l'architecture sur l'environnement. Les bâtiments qu'ils créent sont destinés à rapprocher les hommes et la nature, grâce à l'accent mis sur la durabilité, la réhabilitation des espaces ou leur modularité.

Team V

« L'innovation crée souvent quelque chose de beau. » Do Janne Vermeulen

L'agence d'architecture néerlandaise Team V voit dans le développement durable un impératif absolu et une raison d'être. Parmi toutes les réalisations de l'équipe, deux retiennent en particulier l'attention. La rénovation du siège social d'ASR à Utrecht et celle du bâtiment Atlas pour l'Université technologique d'Eindhoven montrent comment les technologies innovantes facilitent la remise en état d'édifices de grande envergure datant des années 1960 ou 1970.
Le premier projet comprenait la réhabilitation d'un complexe de bureaux et la création d'un centre de réunion souterrain. Après avoir identifié les éléments encore fonctionnels susceptibles d'être conservés, les architectes ont restructuré les volumes intérieurs autour de grands espaces vides destinés à faire entrer la lumière du jour en profondeur. Afin d'améliorer les performances énergétiques de l'ensemble, ils ont ajouté une façade en double épaisseur sur la coque existante, intégrant régulation thermique et ventilation, ainsi que des pare-soleil sur les faces est, ouest et sud. La tâche n'avait rien de simple compte tenu des dimensions du bâtiment : près de 86 000 m². Une autre contrainte a pesé sur le chantier : les bureaux devaient rester ouverts et opérationnels pendant toute sa durée.
Sa transformation par Team V a rendu l'édifice beaucoup plus spacieux et accru significativement l'apport de lumière naturelle. Elle a également permis de végétaliser certains volumes entre les façades. En référence à l'apparence originelle des murs extérieurs, les nouvelles parois sont ornées de lamelles en dents de scie dont l'orientation varie légèrement à chaque étage, conférant à l'immense complexe une petite touche dynamique et légère. Comme les architectes de l'agence le soulignent, ce projet offre une parfaite symbiose d'architecture, de technologie et d'aménagement intérieur.

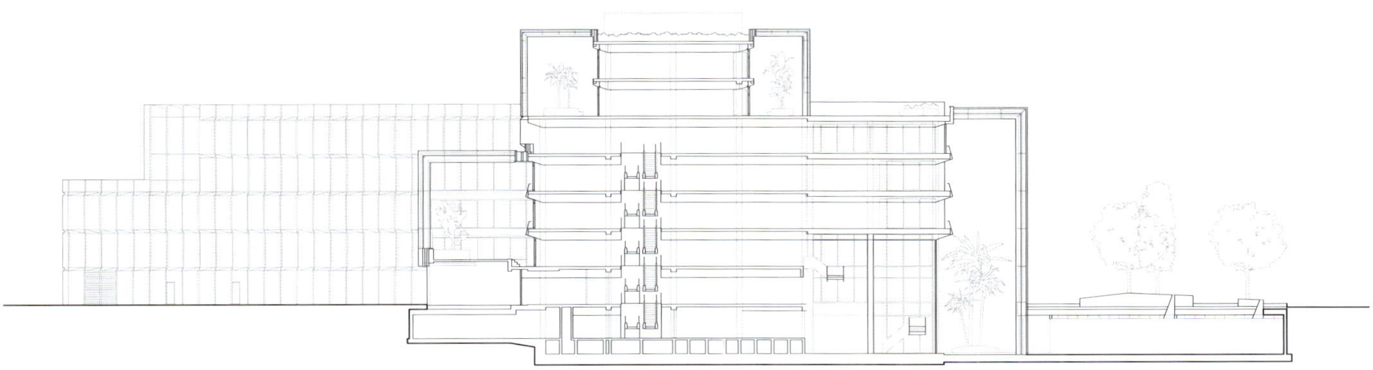

Siège social d'ASR, Utrecht, Pays-Bas, 2016

Une réhabilitation durable qui préserve la structure originelle

Comme pour le siège social d'ASR, la rénovation du bâtiment Atlas, conçu initialement par S. J. van Embden au cœur de l'Université technologique d'Eindhoven, a entraîné une refonte des intérieurs et l'ajout d'une nouvelle façade. Cette dernière s'intègre cependant à l'armature originelle en acier, préservant la transparence caractéristique de l'édifice tout en offrant une isolation similaire à celle d'un mur de brique creux. L'immeuble était réputé pour posséder l'un des premiers murs-rideaux des Pays-Bas. Celui-ci a été remplacé par un modèle *high-tech* qui a considérablement amélioré les performances thermiques de l'édifice : durant les vagues de froid hivernales, le système utilise les pare-soleil réfléchissants comme isolant d'appoint. En été, les fenêtres s'ouvrent, laissant l'air circuler. De même, un équipement de pointe baptisé « Smart Energy-Saving Light » (« lumière intelligente et économe en énergie ») permet de régler, à l'aide d'une application pour smartphone, l'intensité lumineuse, la température des pièces et l'orientation des pare-soleil. Cet équipement a d'ailleurs été développé sur place, avec des groupes de chercheurs qui utilisent le site comme laboratoire pour étudier notamment l'impact de la lumière sur les troubles affectifs saisonniers. Bien conçue, la rénovation d'Atlas préserve le cachet originel du bâtiment, son architecture un peu vieillotte ayant été adaptée aux exigences d'aujourd'hui. Team V a ainsi décidé de réaménager les étages mais de conserver le caractère majestueux du hall central. L'escalier rouge en zigzag qui court sur toute la hauteur de l'immeuble apporte un zeste de modernité. Il dessert les salles de cours et les laboratoires des deux départements de l'université, situés aux extrémités opposées du bâtiment.

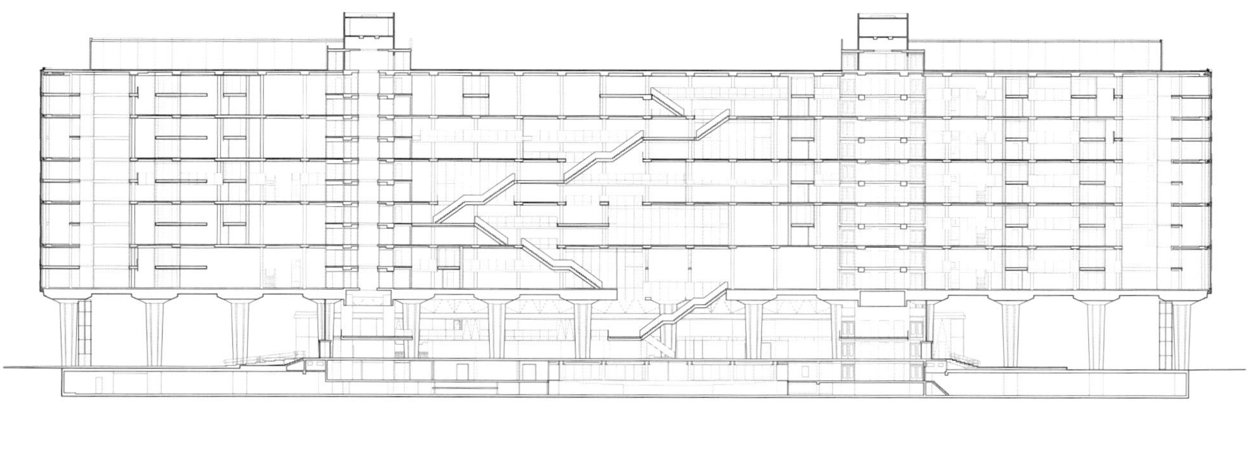

Bâtiment Atlas, Université technologique d'Eindhoven, Pays-Bas, 2019

TEAM V

L'agence Team V, fondée à Amsterdam en 2013, est dirigée par Jeroen van Schooten et Do Janne Vermeulen, avec Irène Horvers et Frank Bouwman comme associés. L'équipe travaille sur un vaste éventail de réalisations, ce qui permet aux architectes de jongler avec les échelles et la dimension sociale des projets. La démarche analytique et collaborative qu'ils ont adoptée leur permet de trouver des solutions optimales à chaque situation donnée. Ils sont guidés par le souci de rester à la pointe de l'innovation et par une envie de réinventer l'architecture. « Notre objectif final est de garantir la durabilité et la fonctionnalité d'un édifice », précisent les membres de Team V, tout en imaginant des bâtiments dotés d'un fort impact social et culturel.

Benthem Crouwel Architects

« Les bonnes constructions sont conçues pour être démontables. » Joost Vos

Cette affirmation qui pourrait sembler surprenante reflète l'expertise incontestée de l'agence Benthem Crouwel dans le domaine des structures évolutives, aussi faciles à installer qu'à démonter. Dès sa fondation en 1979 par Jan Benthem et Mels Crouwel, le bureau d'architecture s'est attaché à créer des constructions modulables, pouvant aisément se transformer au gré des besoins. Quarante ans plus tard, la nouvelle génération aux manettes de l'agence perpétue cet héritage qui, à la lumière de la crise environnementale actuelle, trouve pleinement son sens. Pour ces jeunes architectes, tout bâtiment est susceptible de se métamorphoser au fil du temps. Ils conçoivent donc leurs projets dans une perspective d'adaptabilité à long terme et pensent aux éléments fondamentaux comme à une trame modifiable à souhait pour répondre à de nouveaux besoins. Ceci ne s'applique pas seulement à l'agencement global, mais aussi à chacune des composantes d'un édifice, tel, par exemple, le plancher. Outre la modularité, Benthem Crouwel accorde beaucoup d'importance à la circularité et n'hésite pas à utiliser des matériaux recyclés ou revalorisés, provenant d'immeubles démolis. L'agence a également recours à des biocomposites, à la fois légers et solides, fabriqués avec des ressources renouvelables. Certaines constructions sont tout simplement rénovées ou reconverties pour ne pas gaspiller des équipements existants. Une démarche profondément holistique, impliquant une gamme étendue de solutions qui se renforcent mutuellement.
Le LAB42, qui fait partie de l'Université d'Amsterdam, abrite un laboratoire, un institut de recherche, un pôle universitaire et un centre d'innovation en intelligence artificielle.
Sa réalisation illustre la pertinence des méthodes développées par Benthem Crouwel. Conçu pour être énergétiquement neutre, accessible et convivial, l'édifice a une structure en forme de grille destinée à faciliter les éventuelles transformations futures de ses espaces.

BENTHEM CROUWEL ARCHITECTS

Pascal Cornips, Daniel Jongtien, Saartje van der Made et Joost Vos, les partenaires associés qui dirigent Benthem Crouwel LAB à Amsterdam, partagent une vision très précise de ce qui attend l'architecture dans les années à venir. Qualifiant volontiers leur agence « d'espace de jeu innovant », ils entendent concevoir des espaces auxquels les futurs occupants se sentiront liés. De leur point de vue, l'architecture ne doit pas se contenter d'améliorer la vie des gens et le tissu urbain, elle a pour mission d'ajouter de la valeur à l'écosystème ambiant et de faire du bien à la planète. Très actif à l'échelle internationale, Benthem Crouwel est à l'origine d'un large éventail de projets (nouveaux chantiers et reconversion d'immeubles anciens) ayant pour points communs la modularité, la circularité et l'adaptabilité. Les architectes aiment faire des choix de construction surprenants, qui suscitent l'étonnement. Mais, comme ils le soulignent eux-mêmes, ils résolvent souvent des problèmes complexes par des solutions simples.

L'avenir est aux immeubles modulables, circulaires et polyvalents

Situé au cœur du campus, le bâtiment, entièrement dédié aux sciences de l'information et à l'intelligence artificielle, se devait d'être accessible à tous. Son rez-de-chaussée transparent assure une grande fluidité entre l'intérieur de l'édifice et les axes de communication du campus. Les couleurs choisies pour la façade – vert en bas, bleu en haut – favorisent son intégration dans la verdure environnante. Baigné de lumière naturelle, agrémenté de plantes et bien ventilé, le vaste atrium central offre un cadre agréable et sain aux usagers du LAB42. Pour améliorer l'isolation acoustique, ses murs ont été en partie recouverts de feutre fabriqué à partir de bouteilles en PET recyclées. L'ossature est en acier 100 % réutilisable, ce qui simplifiera à l'avenir une possible reconfiguration du bâtiment. Portes tournantes, murs intérieurs circulaires, poutres en bois stratifié, plancher en béton, gaines de câbles, bobines de tuyau d'incendie et même certains matériaux d'ameublement font partie de la liste des éléments récupérés qui ont trouvé là une seconde vie. Malgré ses dimensions spectaculaires (12 000 m^2), le LAB42 produit toute l'énergie dont il a besoin. Près de 1 800 m^2 de panneaux solaires ont été répartis sur le toit et sur les façades, sans pour autant en altérer l'esthétique. Même le puits de lumière que constitue l'atrium est équipé de cellules solaires intégrées. Une pompe à chaleur géothermique fournit le chauffage, régulé selon les saisons. Pour optimiser son fonctionnement, l'immeuble dispose d'équipements technologiques intelligents : des capteurs-compteurs enregistrent à tout moment le nombre de personnes présentes afin d'ajuster l'éclairage, l'aération et la température. Un grand réservoir sur le toit alimente en eau les toilettes, permettant de substantielles économies.

LAB42, Amsterdam, Pays-Bas, 2022

Library Learning Space
0

Kéré Architecture

« Construire quelque chose qui ne l'a pas encore été mais dont les fondations ont été posées depuis longtemps. » Francis Kéré

L'architecte Francis Kéré accorde une place primordiale au développement durable dans toutes ses réalisations. Dans le cadre de sa démarche holistique, il prend en compte les spécificités de chaque site où il est appelé à travailler, notamment le style de construction, les techniques traditionnelles ou encore les matériaux disponibles sur place. Toutes ces données l'aident à concevoir des bâtiments adaptés au contexte local et respectueux de l'environnement.
Les aspects sociaux et économiques de la durabilité ont, à ses yeux, une égale importance : « Il faut notamment prévoir toutes les conséquences qu'entraînera telle ou telle décision prise lors de la conception, tant pour la phase de chantier que pour la durée de vie du projet », explique-t-il. L'implication des futurs usagers dans l'élaboration des édifices est au fondement de son architecture. Dans bien des cas, les populations locales sont ainsi appelées à prendre part à ses projets, à différentes étapes de leur avancement. Francis Kéré a mis au point avec son équipe plusieurs solutions visant à réduire l'impact du bâti sur l'environnement. Par exemple, il recourt à de nouvelles technologies pour transformer les matériaux et ajuster les structures, y compris des éléments de toiture destinés à améliorer le confort thermique. Un principe qui prend tout son sens à l'heure du dérèglement climatique. Ses connaissances des différentes traditions architecturales, accumulées au fil du temps, lui ont souvent permis d'obtenir des résultats probants.

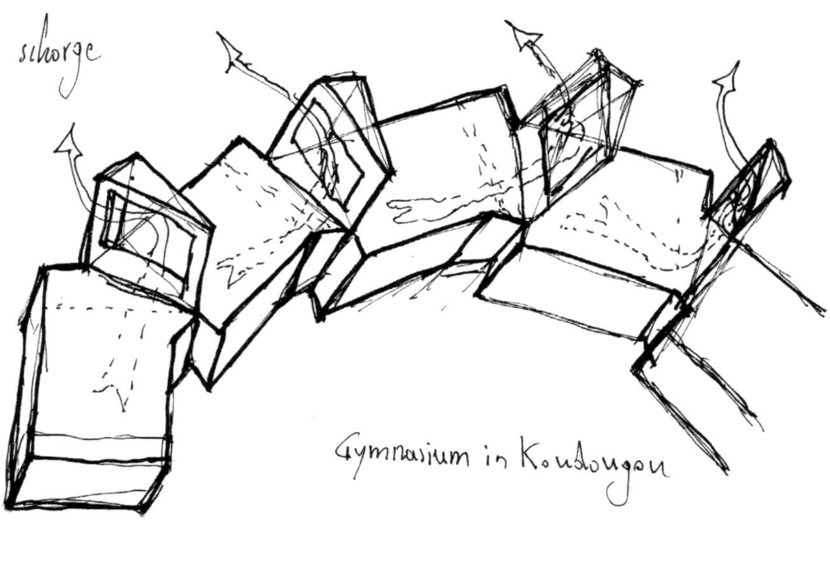

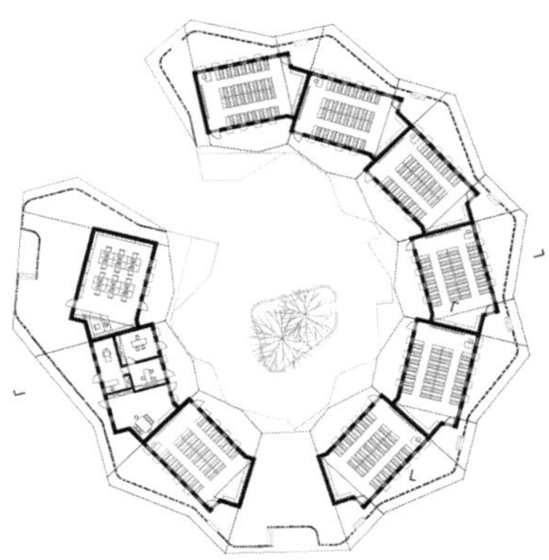

Innover à partir des habitudes vernaculaires

Le lycée Schorge construit à Koudougou, au Burkina Faso, montre à quel point l'agence s'attache à respecter les paramètres fondamentaux du développement durable. L'établissement se compose de neuf corps de bâtiment disposés en cercle autour d'une cour qu'ils protègent ainsi du vent et de la poussière. Les murs sont composés de blocs de latérite provenant de la région. Cette roche d'un beau rouge vif présente plusieurs avantages pratiques : elle est suffisamment friable pour être découpée en briques qui durcissent naturellement au soleil. De plus, la latérite absorbe la chaleur durant le jour et la restitue au cours de la nuit. Par ailleurs, du bois d'eucalyptus, matériau aisément disponible à un coût raisonnable et d'entretien facile, a été employé pour créer autour des salles de classe des galeries couvertes qui offrent des espaces extérieurs ombragés. Pour garantir un éclairage naturel de qualité tout en évitant un ensoleillement trop vif, les plafonds des classes sont constitués de voûtes en plâtre perforées. Au fond de chaque salle, une cheminée faisant office de tour des vents évacue l'air chaud. Enfin, pour limiter les dépenses, le mobilier de l'école a été fabriqué avec des essences locales de bois et des chutes d'acier provenant de la construction des toits. Ce réemploi a également contribué à réduire les déchets sur le chantier. Ainsi, aucun aspect essentiel du développement durable n'a été mis de côté pour la réalisation de ce lycée.

Lycée Schorge, Koudougou, Burkina Faso, 2016

Lycée Schorge, Koudougou, Burkina Faso, 2016

KÉRÉ ARCHITECTURE

L'architecte d'origine burkinabée Francis Kéré a créé son agence d'architecture à Berlin en 2005. Ses équipes travaillent sur des projets allant d'infrastructures civiles à des constructions éphémères dans le monde entier. La mise à profit des ressources locales, l'engagement social, ainsi qu'une perception aiguë du contexte sont au cœur d'une approche de l'architecture qui s'adapte à tout type de site. Partisan d'un mode de construction participatif, le lauréat du Pritzker Prize en 2022 aime partager ses connaissances avec les futurs usagers et s'inspirer du vernaculaire. « Au croisement de l'utopie et du pragmatisme, nous inventons une architecture contemporaine qui tire son inspiration d'une vision afro-futuriste. »

The Rob and Melani Walton Center for Planetary Health, Arizona State University, Tempe, Arizona, États-Unis, 2022

Grimshaw Architekton

« La recherche d'une efficacité énergétique maximale, grâce à des sources d'énergie décarbonées telles que les panneaux solaires, ainsi que l'emploi de matériaux et de techniques de construction à faible empreinte carbone font de ce projet un modèle à l'échelle de notre planète. » Grimshaw

Le cabinet d'architectes américain Grimshaw s'engage à concevoir et construire, à partir de 2030, uniquement des édifices qui joueront un rôle régénératif d'un point de vue social et environnemental, et promet d'atteindre l'objectif « zéro carbone » pour tous ses édifices et infrastructures dès la fin 2025. Le Rob and Melani Walton Center for Planetary Health, élaboré en partenariat avec l'agence Architekton, constitue une étape importante vers cette évolution radicale. Dernier né des bâtiments abritant les sites de recherche scientifique sur le campus de l'Arizona State University, à Tempe, celui-ci accueille plusieurs instituts, tels le Global Institute of Sustainability (Institut mondial du développement durable) et la School of Sustainability (École du développement durable). L'idée directrice du projet était de mutualiser certains espaces, notamment les salles de conférence et plusieurs laboratoires, afin d'optimiser l'utilisation des équipements. Les architectes se sont inspirés de la forme minérale de la géode, cette cavité rocheuse couverte de cristaux. « L'enveloppe extérieure du complexe est rigide et protectrice, tandis que la cour intérieure et l'abondance de lumière naturelle mettent en valeur la transparence de la structure grâce à ses nombreuses fenêtres », soulignent les architectes. La présence sur le site d'un canal d'irrigation a motivé la décision de surélever l'édifice au-dessus de la cour centrale.

The Rob and Melani Walton Center for Planetary Health, Arizona State University, Tempe, Arizona, États-Unis, 2022

Des objectifs rigoureux en matière de développement durable

Le choix d'un bâtiment ouvert au niveau du rez-de-chaussée facilite la circulation du vent et de la lumière, tout en fluidifiant les déplacements des usagers, paramètre crucial pour un lieu très fréquenté. La cour intérieure, traversée par le canal d'irrigation, est le centre névralgique de ce projet. Elle offre un espace de fraîcheur au sein du complexe et des zones ombragées propices aux échanges informels et à la détente. L'enveloppe du bâtiment consiste en panneaux de béton renforcé avec de la fibre de verre. Sa texture rappelle celle du Saguaro, un cactus emblématique de l'Arizona. Conçus pour absorber le moins de chaleur possible, ces panneaux sont façonnés différemment sur chacune des façades, en fonction de l'exposition. Ce principe structurel non seulement permet de limiter l'usage du système de refroidissement mécanique, mais rend l'édifice plus dynamique. Pour le bien-être des usagers quand ils se trouvent à l'intérieur, les panneaux ne bloquent ni la lumière du jour ni la vue. Les dalles de plancher ont été réalisées en béton à coffrage perdu, une technique innovante qui permet d'alléger la structure. Ce béton est composé à 40 % de cendres volantes afin de diminuer la quantité de ciment et donc son bilan carbone. Par ailleurs, les eaux pluviales sont recueillies et traitées sur site. Le toit du bâtiment sera à terme complètement recouvert de cellules photovoltaïques qui amélioreront son autonomie énergétique.

GRIMSHAW

Fondée par Sir Nicholas Grimshaw en 1980, l'agence s'est transformée en un groupement d'associés en 2007. Elle dispose de bureaux dans plusieurs pays et travaille sur des projets d'architecture, d'urbanisme et de design industriel. Les architectes, unis par une vision commune de leur discipline empreinte d'humanité, de durabilité et de respect de l'environnement, partagent aussi une approche holistique du développement durable, incluant les aspects économiques, sociaux et écologiques de la question. Privilégiant la recherche et l'innovation, l'agence s'attache à développer des solutions optimales pour construire des bâtiments qui utilisent les ressources naturelles à bon escient.

ARCHITEKTON

Installée à Tempe dans l'Arizona, l'agence Architekton a été fondée par John Kane, Doug Brown, Joe Salvatore et Greg Lambright (les deux derniers ont depuis pris leur retraite). Son ambition est de concevoir des bâtiments à l'impact positif sur l'environnement et qui contribuent à régénérer la planète. Les architectes aiment associer plusieurs matériaux et modeler les édifices à la manière de véritables œuvres d'art.

INTÉGRER LA NATURE

On a tendance, par facilité, à opposer architecture et environnement naturel, alors que le dialogue entre les bâtiments et le monde qui les entoure est passionnant à bien des égards. Cherchant à unir harmonieusement le bâti et le végétal, des architectes contemporains ont déployé un large éventail de solutions : des formes organiques aux biomatériaux *high-tech*, en passant par une ample palette d'idées singulières mais tout aussi probantes, et avec des résultats souvent spectaculaires. La clé du succès est simplement de comprendre, d'accepter et de respecter le contexte local. Cette démarche modeste ne signifie aucunement que l'architecture s'incline devant la nature, mais qu'un lien fort s'établit entre la construction et son environnement, de sorte que l'impact du nouvel édifice soit limité au strict minimum. Si trouver l'équilibre en concevant une structure qui s'intègre au paysage est une tâche difficile, des architectes du monde entier ont fait preuve d'ingéniosité en ce domaine, comme le montrent les exemples sélectionnés dans ce chapitre. Ils contribuent ainsi à protéger l'environnement et à minimiser l'empreinte carbone de leurs projets.

L'une des tendances récentes en architecture consiste à intégrer des éléments végétaux aux façades. Cet écrin organique embellit les immeubles tout en améliorant le cadre de vie et le sentiment de bien-être de leurs habitants. Les avantages pratiques ne s'arrêtent pas là : les revêtements de verdure purifient l'air, filtrent la lumière et offrent une isolation thermique supplémentaire. Adoucissant l'aspect parfois massif des bâtiments, ils donnent l'impression d'une construction hybride. Installer des espaces verts en toiture ou profiter des irrégularités du terrain pour enfouir une partie de la construction sont d'autres solutions très appréciées un peu partout dans le monde.

Ramos Castellano Arquitectos

« L'impact écologique devait être minimal. »

Construire en pleine nature n'est jamais une tâche facile, mais créer de toutes pièces un village à flanc de montagnes volcaniques et implanter des terrasses cultivables là où rien n'avait jamais poussé sont de tout autres défis. Ramos Castellano Arquitectos a néanmoins réussi à concevoir un lieu fascinant dans le nord de l'île de Santo Antão, dans l'archipel du Cap-Vert. Commandé par une agence de voyages allemande, ce lotissement organique se situe entre deux villages particulièrement exposés aux vents océaniques. Comme les architectes aiment le rappeler, il s'agissait d'un projet très complexe : malgré des solutions simples sur les plans du style, des matériaux et de la finition, sa réalisation a duré huit ans. La question du développement durable était centrale dès le début. Pour réduire au minimum l'usage d'engins de chantier, les architectes Eloisa Ramos et Moreno Castellano ont fait appel à la main-d'œuvre locale et à des techniques de construction habituelles dans la région. Tous les bâtiments ont été construits avec du basalte, du sable et du gravier

disponibles à proximité du site. À l'intérieur, des murs à inertie thermique et un système de ventilation transversale assurent un confort naturel. Sur une île où il ne pleut généralement que deux à trois fois par an, l'approvisionnement permanent en eau est assuré par une unité de dessalement et une pompe hydraulique, alimentées en énergie par des panneaux photovoltaïques. Chaque habitation est équipée d'un procédé mécanique de filtrage et de réutilisation des eaux usées. Grâce à un système de goutte-à-goutte, celles-ci irriguent la végétation et les terrasses agricoles. On peut ainsi faire pousser des fruits et des légumes que l'on ne trouve pas au marché.

RAMOS CASTELLANO ARQUITECTOS

L'agence Ramos Castellano Arquitectos a été fondée en 2004 à Mindelo, sur l'île de São Vicente, par Eloisa Ramos et Moreno Castellano. Originaire du Cap-Vert, l'architecte Eloisa Ramos a travaillé et vécu en de nombreux endroits du globe avant de revenir dans son pays. Tous ses projets sont portés par une vision claire et précise du contexte local et des ressources disponibles sur place. Moreno Castellano, né en Sardaigne, est un artiste pluridisciplinaire « toujours à la recherche d'un équilibre durable entre les réalisations humaines et la nature ». Aucun de leurs projets menés en commun ne ressemble à un autre, et chacun marque de façon très originale les espaces urbains et les paysages naturels dans lesquels il s'insère.

Lotissement biologique, Cha de Igreja/Cruzinha da Garça, Cap-Vert, 2023

Une nouvelle forme de tourisme

« Le néocolonialisme règne en maître au Cap-Vert, déplorent les architectes. Nous souhaitions proposer une alternative au tourisme de masse sur nos îles. » Le concept même d'un village de vacances garantissant un rapport équilibré entre la nature et l'homme reposait sur une démarche holistique. En lieu et place du sentiment de dépossession ressenti habituellement, la coopération, le bénéfice mutuel et des échanges équitables avec la population locale étaient au cœur du projet. La première phase des travaux a consisté à créer des terrasses pour les cultures et à en assurer l'irrigation, puis les architectes ont étudié l'emplacement des futures structures habitables. Le principal défi était d'éviter qu'elles soient exposées aux vents dominants tout en offrant des vues spectaculaires sur les alentours. La seconde contrainte était de les intégrer au mieux dans le site pour ne pas abîmer la beauté sauvage du paysage montagneux. En partenariat avec un agronome, un parcours végétal multisensoriel a été créé au sein du lotissement. Les toits, les murs et les terrasses sont végétalisés. Ce complexe hors normes propose à ses habitants un mode de vie rural proche de celui des villages avoisinants. Outre les aires cultivables, il comprend quatorze chambres doubles, quatre villas, un restaurant panoramique, un champ de panneaux photovoltaïques, trois réservoirs d'eau pour l'irrigation, un puits et un local de maintenance. Ramos Castellano Arquitectos a également conçu la décoration intérieure et le mobilier, fabriqué par des artisans locaux. Le développement d'une telle infrastructure joue un rôle pionnier quant à l'implantation d'autres projets touristiques dans la région.

Cobe

« Le parc de l'Opéra est un lieu où la nature s'épanouit pleinement, loin de l'effervescence urbaine de Copenhague. » Dan Stubbergaard

Impliqués dans une démarche de réduction de leur impact carbone, les architectes de Cobe entendent « créer un environnement contribuant activement à une vie quotidienne extraordinaire ». Cette aspiration caractérise les projets paysagers de l'agence, qui s'attache à insérer des espaces verts au cœur des villes. Ses actions en faveur de la biodiversité visent à contrebalancer les contraintes liées au processus d'urbanisation. Le parc de l'Opéra, l'un des récents projets de Cobe, est la parfaite illustration de cette approche et de ses avantages. Aménagé à l'emplacement d'un ancien site industriel sur lequel ne poussait qu'une herbe rase, cet îlot de verdure luxuriante dans le port intérieur de Copenhague tranche nettement avec le reste du quartier, très densément bâti. À proximité immédiate du Royal Danish Opera, ce parc public minutieusement conçu offre un espace récréatif appréciable, où échapper à l'effervescence d'une ville moderne. Il a été imaginé comme une mosaïque de six jardins représentant différentes parties du monde : une forêt d'Amérique du Nord, une de chênes, typique du Danemark, une nordique, un jardin oriental, un anglais et un autre consacré à la végétation subtropicale. Ce dernier est situé dans une serre centrale qui abrite également un café et un accès au parking souterrain d'une capacité de 300 places. Caché au milieu du parc, cet édifice en verre s'intègre merveilleusement dans son environnement grâce à sa structure légère et transparente. Son toit flottant et recouvert de verdure lui permet de se fondre complètement dans le paysage. Les architectes ont multiplié les chemins sinueux entre les différentes parties du parc, ponctuées de points de vue pittoresques et de pièces d'eau – fontaines et étangs.

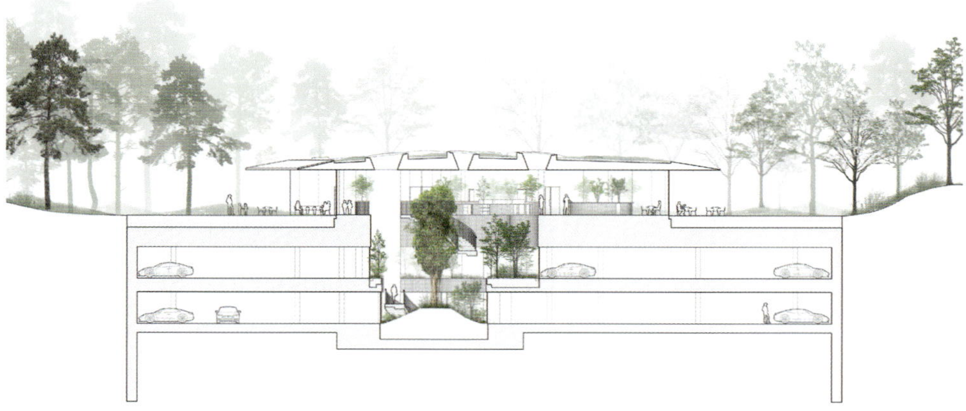

Parc de l'Opéra, Copenhague, Danemark, 2023

Favoriser la biodiversité dans un contexte urbain dense

Les architectes mettent l'accent sur le rôle des parcs en milieu urbain, véritables sanctuaires contre le bruit et la pollution atmosphérique. Ils rappellent que « des études scientifiques ont démontré l'effet bénéfique et l'influence des jardins classiques sur les problèmes de santé liés au stress, grâce à leurs allées en lacets et à leur scénographie bien ordonnée ». 628 arbres, 80 000 plantes vivaces et buissons, 40 000 plantes à bulbes provenant du monde entier agrémentent le parc de l'Opéra. Les 223 espèces locales et exotiques représentées constituent un biotope luxuriant dont l'aspect varie au fil des saisons. Cobe a résolument composé une oasis de verdure, qui donne aux citadins l'impression de s'immerger dans la nature. Les arbres et les haies protègent en outre l'îlot des vents violents venus de la mer. Le terrain a été surélevé afin d'empêcher les inondations en cas de précipitations abondantes, qui font subitement monter le niveau des eaux dans le port. L'aménagement du toit du Royal Danish Opera a un double effet bénéfique sur le parc voisin : d'une part, les eaux pluviales sont collectées dans un réservoir destiné à l'irrigation des plantes exotiques ; d'autre part, des panneaux solaires génèrent de l'électricité alimentant notamment le parking et la serre. Les allées du parc ont été recouvertes de gravier perméable, et l'excédent d'eau de pluie est recueilli dans des bassins spéciaux permettant une infiltration lente dans les sols. Les couvertures végétales sur le toit de la serre et sur l'auvent du pont reliant l'opéra au parc servent également à canaliser les eaux de pluie et à nourrir les oiseaux.

COBE

L'agence danoise d'architecture Cobe a été fondée en 2006 par Dan Stubbergaard, un architecte qui enseigne également à Harvard. Travaillant tel un « laboratoire d'architecture », l'agence a installé ses bureaux dans le vieux port industriel de Nordhavn, en périphérie de Copenhague, qu'elle transforme peu à peu en une zone résidentielle. La reconversion d'un ancien entrepôt en siège social de Cobe est l'un des nombreux exemples réussis de réaffectation d'un édifice historique à un nouvel usage. Les projets liés à la rénovation de ports constituent un autre axe de travail pour l'agence, qui s'efforce de trouver le juste équilibre entre relance de l'activité portuaire et protection du littoral contre les phénomènes météorologiques extrêmes.

Parc de l'Opéra, Copenhague, Danemark, 2023

Vo Trong Nghia Architects (VTN)

« Établir une connexion intime entre les gens et la nature est particulièrement important pour nos équipes. »

La revégétalisation des espaces urbains en vue d'assurer aux villes un développement durable et équilibré est la marque de fabrique de l'agence VTN Architects. Chacun de ses projets cherche à concilier fonctionnalité et efficacité énergétique, tout en mettant en œuvre des matériaux locaux et des plantes luxuriantes. Que ce soit pour réaliser un complexe résidentiel, un bâtiment commercial ou une institution culturelle, les architectes vietnamiens puisent dans le patrimoine architectural de leur pays afin d'y trouver des solutions adaptées aux besoins locaux. Par ailleurs, leur vision esthétique très avant-gardiste tire parti des effets de la lumière naturelle, du vent et de l'eau. Deux constructions exceptionnelles traduisent l'originalité de leur démarche.

Dans le village de Bát Tràng, connu pour son artisanat de la poterie, l'agence a conçu une maison insolite, aux façades entièrement perforées. Tous les matériaux employés sont locaux et rendent ainsi hommage au savoir-faire des villageois. « La rugosité de la céramique lui confère une valeur esthétique unique, c'est une matière solide et durable qui convient parfaitement à la paroi extérieure du bâtiment », soulignent les architectes. Les blocs de céramique, fabriqués sur mesure, incluent des ouvertures qui permettent aux plantes de s'épanouir. De plus, les parties ajourées favorisent la circulation de l'air dans l'édifice et filtrent la lumière, participant à créer une atmosphère agréable à l'intérieur. L'entrelacement de la céramique et de la végétation n'est pas simplement une réussite esthétique : ce système contribue à la régulation thermique de la maison, évitant ainsi de recourir à l'air conditionné. En guise de murs, à l'arrière des façades, des panneaux en verre trempé isolent efficacement les pièces. Au sein des espaces de vie, les habitants profitent d'une coexistence harmonieuse entre architecture et verdure.

Maison à Bát Tràng, Vietnam, 2020

Stepping Park House, Hô Chi Minh-Ville, Vietnam, 2018

Un cadre de vie qui rapproche de la nature

Construite en bordure d'un parc, la Stepping Park House se devait d'être végétalisée. Ce modèle d'architecture y prend tout son sens puisque l'édifice s'intègre pleinement à la zone boisée qui l'entoure, donnant presque l'impression que la végétation s'est infiltrée dans sa structure. Les architectes ont d'ailleurs baptisé ce type d'intervention « créer une parcelle de jardin en ville ». Des arbustes en pleine terre au pied des grandes fenêtres, complétés de véritables arbres disséminés ici et là, assurent la continuité organique avec le parc, du salon au rez-de-chaussée jusqu'à une vaste pièce entourée de plantes grimpantes au dernier étage. Tandis que les nombreuses ouvertures facilitent la libre circulation de l'air, les éléments verts qui ponctuent les façades adoucissent la lumière naturelle à l'intérieur. Si les espaces communs sont reliés entre eux et ouverts sur l'extérieur, les chambres sont en retrait pour plus d'intimité et de tranquillité. Outre son rôle de régulateur thermique, la verdure imprègne toute la maison d'une atmosphère organique.

Cette résidence particulière est la dernière d'une série de « Maisons pour les arbres », qui offrent à leurs occupants un lien direct avec la nature. En comblant le manque d'espaces verts au sein des agglomérations vietnamiennes, VTN Architects s'inscrit dans une démarche durable qui vise à atténuer les dérèglements climatiques en ville : inondations, chaleurs extrêmes, pollution.

Pour mener à bien ce projet, l'agence a travaillé avec Wind and Water House JSC, une société spécialisée dans les constructions écoresponsables.

VO TRONG NGHIA

L'agence vietnamienne Vo Trong Nghia Architects (VTN Architects) a été fondée à Hô Chi Minh-Ville en 2006. Le choix d'associer la nature, sous forme de plantes luxuriantes et grimpantes, voire d'arbres, à leur vocabulaire architectural leur a valu une reconnaissance internationale. Les architectes prennent un soin particulier à étudier les constructions traditionnelles de leur pays et à s'inspirer de techniques ancestrales – structures ajourées, circuits de refroidissement fonctionnant à l'eau, toits en chaume, armatures complexes en bambou –, toutes compatibles avec les exigences du développement durable. Ils résument ainsi leur vision : « La création d'une architecture verte qui associe la nature, les traditions locales et, grâce à des matériaux et des méthodes modernes, le design contemporain. »

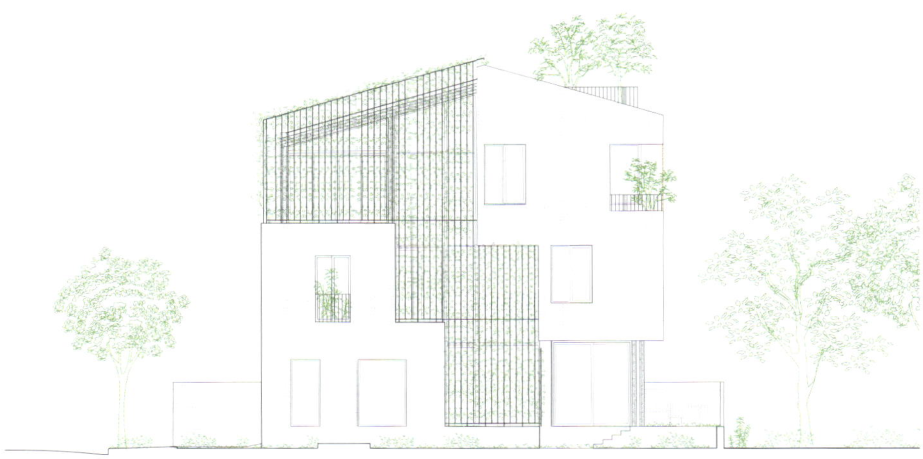

Stepping Park House, Hô Chi Minh-Ville, Vietnam, 2018

Xu Tiantian

« Nous commençons tous nos projets par une série de recherches et de discussions sur le contexte local, l'objectif poursuivi et l'intégration de la construction à venir dans le tissu existant : trois éléments fondamentaux à nos yeux. »

Centre de loisirs de Dushan, village de Silingxia, district de Songyang, Chine, 2018

Le développement de la campagne chinoise et la revitalisation de ses villages sont devenus le domaine d'excellence de Xu Tiantian, et sa motivation principale en tant qu'architecte. Xu Tiantian considère le monde rural comme le meilleur gardien de l'héritage culturel de la Chine, qui, à ce titre, doit être sauvegardé et mis en valeur. Non sans humour, elle a baptisé sa méthode de travail « acupuncture architecturale ». « Notre démarche d'acupuncture consiste à proposer des aménagements minimaux durables qui inciteront les résidents à prendre des initiatives », explique-t-elle.
Sa connaissance des lieux, les liens qu'elle tisse avec la population et le recours à des techniques de construction et à des matériaux traditionnels permettent à Xu Tiantian de concilier avec justesse programme immobilier et besoins locaux.
Elle veille à ce que son style architectural soit en harmonie avec le paysage. Ses créations s'inscrivent dans une nouvelle tendance qui remet en cause le processus d'urbanisation tous azimuts prévalant avant la pandémie de Covid-19 : toujours plus nombreux sont les habitants qui quittent les mégapoles chinoises pour s'installer dans des villages pittoresques et les faire revivre. Ce phénomène est particulièrement sensible dans le district de Songyang (est de la Chine), connu pour ses bourgades aux paysages grandioses, ses traditions agricoles, les rives du fleuve Songyin qui le traverse, et ses montagnes. Une région que Xu Tiantian a étudiée de près.
Le choix de se dédier au développement des campagnes n'avait rien d'évident pour une jeune architecte formée dans les meilleures universités et reconnue à l'échelle internationale, mais tous les projets qu'elle mène en milieu rural reflètent son sens aigu de l'observation et le soin qu'elle prend à planifier les moindres détails.
Ses réalisations redonnent vie à des sites négligés où elles s'intègrent avec leur propre identité.
Dans le district de Songyang, deux d'entre elles témoignent en particulier de sa philosophie et de ses talents.

Bâtir en fonction du contexte

En imaginant les contours du centre de loisirs de Dushan, Xu Tiantian a poussé la réflexion au-delà du rôle de vitrine touristique que l'édifice était censé jouer. Elle a voulu créer un lieu qui ait également de la valeur pour les résidents. Situé au pied du mont Dushan, l'un des endroits les plus visités de la région, le bâtiment tout en courbes abrite un bureau d'accueil des vacanciers, un espace dédié aux sports nautiques et une salle de méditation. S'inscrivant dans un port de forme triangulaire sur le fleuve Songyin, le centre de loisirs offre un contrepoint dynamique par sa silhouette ondulante et invite les promeneurs à découvrir le paysage depuis plusieurs points de vue. La symbiose entre le style architectural et la nature alentour est impressionnante. La structure est en bois et les murs sont constitués de verres de translucidité variable, semblant faire écho à l'eau du fleuve. En créant un jeu visuel entre les espaces intérieurs et extérieurs, l'architecte rend hommage à la tradition chinoise des jardins décoratifs.

L'usine de tofu bâtie à Caizhai par Xu Tiantian est également dotée d'une structure en bois, allusion à l'architecture vernaculaire des fermes de ce village connu pour la qualité de son fromage de soja. Le bâtiment suit une pente naturelle le long d'une rivière et ses contours dynamiques évoquent la chaîne de montagnes qui domine le paysage. Chaque partie de l'usine possède une fonction spécifique : zone de préparation, modules dédiés au broyage, à l'ébullition, à la friture, au séchage et salle de dégustation. Le site a été conçu pour répondre aux normes et exigences actuelles en matière de certification alimentaire, permettant ainsi aux ateliers familiaux et aux agriculteurs locaux de standardiser leur production et de vendre à des réseaux de distribution établis. Grâce à son rôle essentiel dans le développement local, l'usine s'est rapidement intégrée à la vie du village.

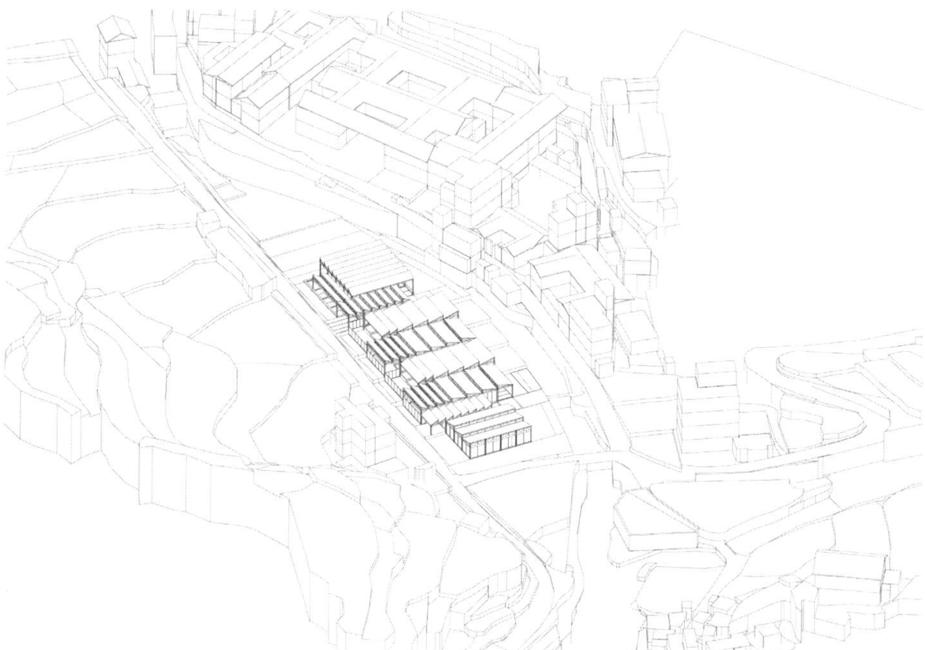

XU TIANTIAN

L'architecte chinoise Xu Tiantian est diplômée de la Harvard Graduate School of Design et de l'Université Tsinghua, à Pékin. Elle a travaillé dans plusieurs agences aux États-Unis et aux Pays-Bas avant de fonder son propre atelier pluridisciplinaire, DnA – Design and Architecture, à Pékin, en 2004. Elle y réalise des projets aux dimensions et typologies très diverses, dans un style architectural d'une grande singularité. Si ses constructions diffèrent les unes des autres, chacune s'inscrit parfaitement dans son environnement.
Pour Xu Tiantian, la clé de la réussite passe par une étude approfondie du contexte et des enjeux avant d'envisager la réalisation formelle du projet.

Usine de tofu, Caizhai, municipalité de Dadongba, district de Songyang, Chine, 2018

Sou Fujimoto

« Un morceau de nature ancien et chargé d'histoire qui adopte de manière très subtile l'allure d'un espace sauvage et dont l'aspect varie au fil des saisons. »

Située au cœur de Budapest, dans un parc urbain très boisé, la Maison de la musique hongroise réalisée par Sou Fujimoto se fond à la perfection dans le paysage. La profusion végétale du site, digne d'une véritable forêt, a conduit l'architecte à imiter la nature des alentours, notamment la façon dont les arbres ouvrent leur feuillage pour laisser passer la lumière. « Nous nous sommes inspirés de l'espace ainsi modelé par la nature, de ce feuillage dense qui protège le sol tout en permettant aux rayons du soleil de l'éclairer », précise-t-il. Dans la plus pure tradition japonaise, Sou Fujimoto a conçu le bâtiment à l'unisson avec son environnement. L'harmonie que dégage cet édifice inséré dans la végétation tient également à sa forme circulaire et à sa transparence. Une structure entièrement en verre soutient un toit organique qui semble flotter et s'unir à la canopée. Les perforations de forme originale qui ponctuent ce toit laissent la nature pénétrer à l'intérieur : des arbres implantés dans certaines d'entre elles s'entrelacent avec les murs. Ces ouvertures reproduisent ainsi l'effet des rayons lumineux traversant le feuillage.

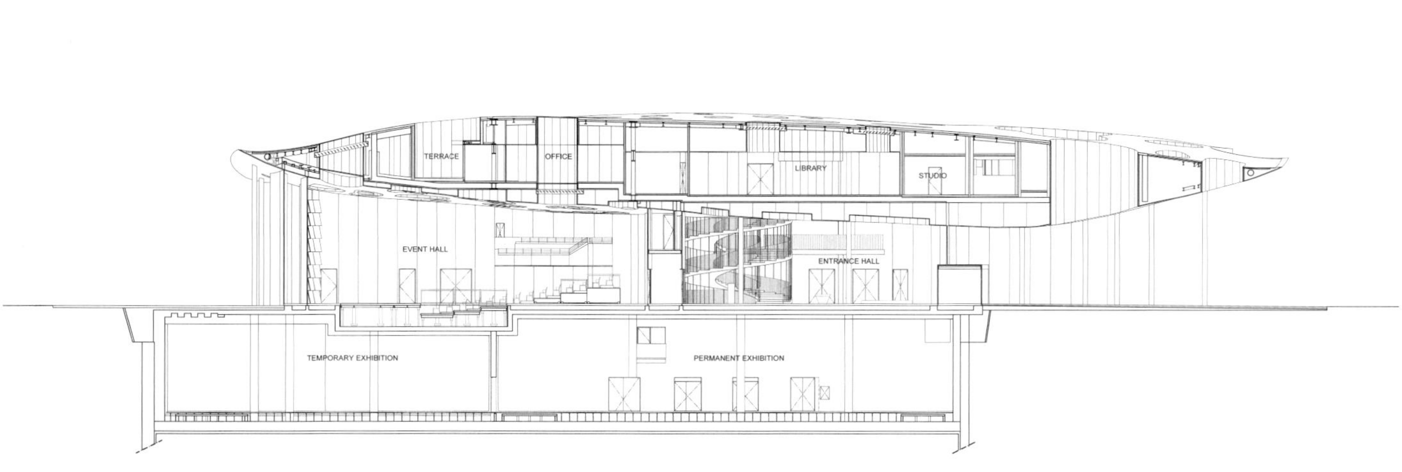

Maison de la musique hongroise, Budapest, Hongrie, 2021

Effacer les limites entre l'environnement naturel et le bâti

L'intégration parfaite du musée au paysage doit beaucoup à l'absence de murs visibles. Grâce à cette structure ouverte dans toutes les directions, la relation intérieur-extérieur est extrêmement fluide. Par sa légèreté, l'édifice est en phase avec l'esprit éphémère et poétique de sa destination, la musique, tout en s'éloignant d'une typologie traditionnelle. Presque dérobé au regard des promeneurs du parc, il prend l'aspect d'un nid haut perché. Son architecture, qui abolit la frontière avec l'espace environnant, invite les promeneurs à y pénétrer et prolonger leur déambulation au fil d'allées sinueuses. « Il ne s'agit pas d'exposer mais de faire entrer, de dépasser la simple contemplation pour susciter la participation et l'interaction », souligne Sou Fujimoto. Les visiteurs de musées habitués aux parcours rigoureusement balisés baignent ici dans une tout autre ambiance : ils sont incités à parcourir le chemin de leur choix, à leur rythme, exactement comme dans un parc. Uniquement guidés par les ondulations des murs, ils peuvent flâner librement de salle en salle, emprunter le bel escalier en spirale qui relie le rez-de-chaussée au niveau supérieur selon un mouvement fluide et dynamique. Les concerts et spectacles qui attirent un large public à la Maison de la musique hongroise font écho au paysage. Les sensations que ce bâtiment clair et spacieux procure aux visiteurs sont sans conteste son atout majeur, amplifiant l'immersion sensorielle qu'offrait déjà la végétation du parc.

SOU FUJIMOTO

Diplômé de l'Université de Tokyo et de l'École spéciale d'architecture de Paris, l'architecte japonais Sou Fujimoto a créé son agence à Tokyo en 2000, puis a ouvert des bureaux à Paris en 2016. Si ses constructions aux lignes géométriques pures sont toujours à la pointe des progrès technologiques, sa passion pour la nature le conduit aussi à privilégier les formes organiques. Le minimalisme et la transparence de la Maison NA, bâtie en 2011 au Japon, ont suscité l'admiration. Fujimoto a été le plus jeune architecte invité à créer un pavillon pour les Serpentine Galleries, à Londres, en 2013, où il a opté pour une structure légère en forme de nuage. Quant à son Arbre blanc à Montpellier, livré en 2019, il a changé notre perception des tours résidentielles.

Maison de la musique hongroise, Budapest, Hongrie, 2021

Institut universitaire du cancer de Toulouse – Oncopôle, Toulouse, France, 2014

Viguier

« Repère rassurant dans le paysage, un établissement de santé revêt une dimension symbolique que l'architecture doit traduire. »

L'ambition affichée par les architectes de l'agence Viguier pour l'Institut universitaire du cancer de Toulouse – Oncopôle était de concevoir un édifice apaisant et réconfortant. Convaincus de l'impact tangible de l'architecture sur le comportement et la santé des patients, ils s'attachent, lorsqu'ils travaillent sur des projets d'établissement hospitalier, à trouver le juste équilibre entre élégance du bâti et fonctionnalité dans le but d'améliorer le quotidien de tous les usagers : personnes hospitalisées, équipes soignantes et visiteurs. Afin de mieux intégrer l'édifice dans le paysage, ils ont privilégié les formes organiques et les tracés curvilignes. Pour les aménagements intérieurs, le choix des couleurs et des matériaux a fait l'objet d'une attention particulière. L'agencement des différents services et la fluidité de circulation ont été également au cœur de la réflexion. Quant à la relation entre extérieur et intérieur, elle est conçue pour stimuler les cinq sens et permettre que l'ensemble du bâtiment bénéficie de la lumière naturelle. Dans le souci de donner aux patients un confort optimal et une vue agréable sur les alentours sans nuire à leur intimité, rien n'a été laissé au hasard, pas même la disposition des chambres ou la taille des fenêtres. « Le but est que les patients se sentent à l'aise dans un environnement sûr et réconfortant qui réponde à leurs besoins physiques et psychologiques », expliquent les architectes.
Parfait exemple d'architecture en harmonie avec le paysage, l'Institut universitaire du cancer de Toulouse offre des conditions idéales pour les soins et une relation favorable entre patients et soignants. Il comprend un institut universitaire de recherche, une maison commune, une clinique, un hôtel et un hall d'accueil.
Le plan proposé par les architectes reprend l'idée d'un « campus scientifique paysager », dont l'unité visuelle est assurée par les formes et matériaux choisis.

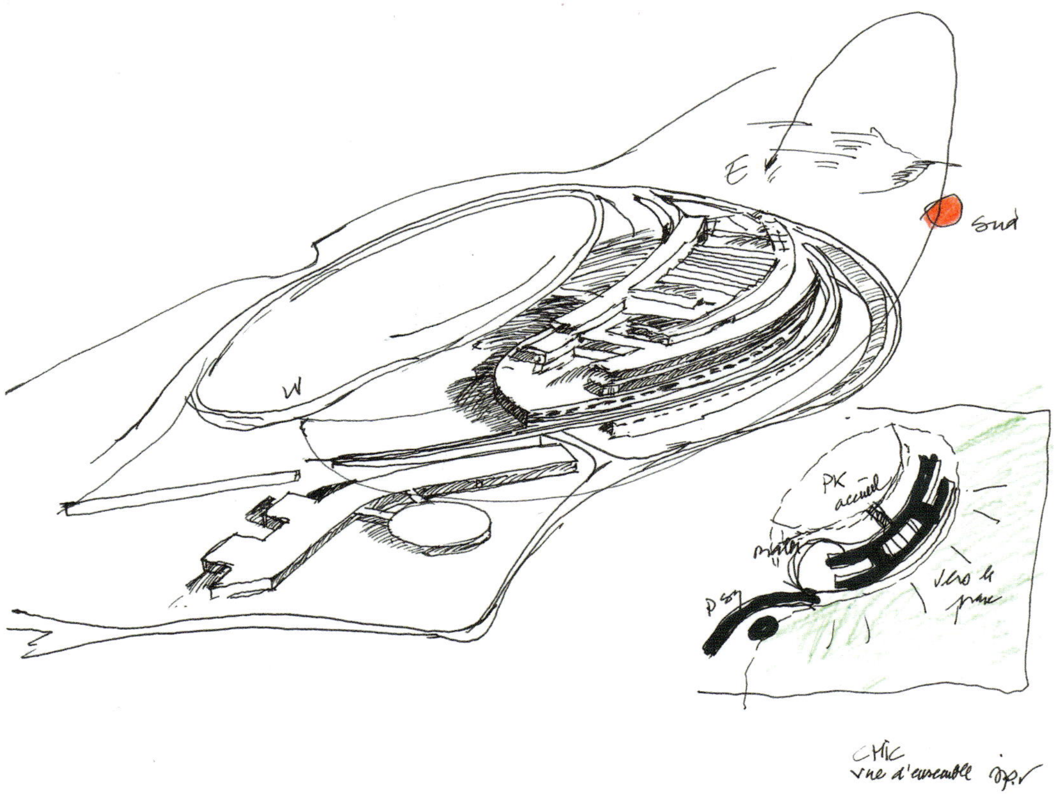

Hôpital du Pays d'Autan, Castres, France, 2010

Des infrastructures médicales dans un cadre naturel

Certaines parties de l'établissement sont implantées en zone boisée et disposent d'espaces verts accessibles au public afin d'encourager les interactions sociales entre les usagers et de rendre plus agréable le quotidien des patients. La maison commune, ouverte aux personnes en traitement, à leurs familles et amis ainsi qu'aux soignants, réunit tous les services dont ceux-ci peuvent avoir besoin. L'institut universitaire occupe une place centrale dans le dispositif : ses laboratoires sont le maillon qui relie la recherche fondamentale en cancérologie aux traitements expérimentaux dont bénéficient les malades pris en charge à l'Oncopôle. Conçu selon une approche holistique, l'Oncopôle accorde la même considération à l'architecture et à la nature.

Autre établissement hospitalier adapté à son environnement construit par l'agence Viguier, l'hôpital du Pays d'Autan à Castres se développe selon une forme convexe parfaitement intégrée au paysage. « L'ensemble des éléments architecturaux a été étudié pour réduire le stress du patient et faciliter les conditions de travail du personnel », précisent ses concepteurs à propos de ce projet livré en 2010.

VIGUIER

Installée à Paris, l'agence internationale d'architecture, d'urbanisme et de paysage Viguier a été fondée par Jean-Paul Viguier en 1992. Le lien entre le bâti et son environnement est l'axe principal de la réflexion qui anime ses équipes. Quel que soit le milieu d'implantation, urbain comme rural, l'architecte est appelé à s'imprégner de ce contexte pour imaginer les solutions les mieux adaptées, tant en termes de matériaux que du concept proposé. Cette démarche implique pour chaque projet une analyse fine des enjeux géographiques, historiques, climatiques, socio-économiques, artistiques et culturels. Viguier s'attache en outre à respecter scrupuleusement les préceptes du développement durable, à savoir la modularité et la réversibilité des constructions, et l'emploi de matériaux à faible empreinte carbone.

Piuarch

« Lorsqu'un projet architectural comprend également un volet paysager, la symbiose avec l'environnement s'opère naturellement. »

Quelles que soient leur dimension ou leur typologie, toutes les réalisations de l'agence Piuarch prennent en compte l'environnement dans lequel elles s'établissent. La récente usine implantée au cœur de la campagne toscane pour la marque de prêt-à-porter de luxe Fendi l'illustre parfaitement : le paysage pittoresque a inspiré un concept très original qui combine de manière saisissante architecture et nature. Élaboré en partenariat avec l'architecte paysagiste Antonio Perazzi, puis supervisé par le département d'architecture de Fendi, le plan d'ensemble révèle l'imbrication réussie entre éléments bâtis et végétation.

D'une surface de près de 14 000 m², l'édifice à la géométrie épurée est recouvert d'une toiture végétalisée qui l'intègre dans le paysage. L'impact de la construction sur l'écosystème s'en trouve significativement réduit sans que cela n'affecte le caractère fonctionnel et pratique de l'usine. Les plantations en hauteur donnent l'impression que ce site de production est enfoui sous terre, une impression qu'accentuent les nombreuses parois en verre et la couleur terre des matériaux de façade. Permettant de « combler une faille ancienne du terrain et de recréer un flanc de colline », ce jardin sur le toit a requis un travail rigoureux d'aménagement paysager sur une échelle importante.

Usine Fendi, Bagno a Ripoli (Florence), Italie, 2022

PIUARCH

L'agence milanaise Piuarch propose un modèle d'architecture contemporaine fortement ancré dans le territoire et respectueux des ressources de la planète. Ses réalisations vont de la conception d'immeubles de bureaux, de structures commerciales et de logements à l'élaboration de complexes résidentiels et de projets de réhabilitation. Les architectes fondent leur démarche sur une analyse du contexte urbain, sociohistorique et culturel, et conçoivent des projets qui visent à être en harmonie avec tous ces paramètres. Le véritable défi à relever, selon eux, est d'améliorer les villes, le cadre de vie de leurs habitants et de créer un lien social.

Concilier valeurs esthétiques et écologiques

Conçue comme un point de repère au sein d'un paysage champêtre, l'usine Fendi conjugue esthétique contemporaine et quête de durabilité. La forme très allongée du bâtiment s'accorde autant à la topographie qu'aux exigences du processus de production. Le complexe comprend les bureaux de la direction et de l'administration, une cantine, un entrepôt, des ateliers de confection et une école d'apprentissage aux métiers du cuir pour l'industrie du luxe. Toutes ces activités sont reliées par un système de couloirs qui irrigue l'ensemble. La partie centrale, aux murs transparents, constitue un espace commun propice aux échanges. Outre le toit végétalisé, l'usine est ponctuée de patios qui assurent un éclairage et une ventilation naturels. Les architectes de Piuarch ont souhaité créer un lieu convivial, favorisant la communication et les relations sociales au sein de l'entreprise. La prise en compte de la dimension humaine fait partie des principes qui guident l'agence. Composer un immense jardin aux abords de l'édifice suit le même objectif : produire un environnement de travail qualitatif et donc durable.

FENDI

GAAGA

« Le concept du Het Bosbad s'inspire de la pratique japonaise du *shinrin-yoku*, qui consiste à s'immerger dans la forêt, à profiter de la nature en mettant tous ses sens à contribution pour apaiser le corps et l'esprit. »

L'équipe de l'agence GAAGA a judicieusement baptisé « Bain de forêt » (Het Bosbad en néerlandais) ce bâtiment de vingt appartements situé au cœur du parc Bosrijk, à Eindhoven (Pays-Bas). En raison de son emplacement inhabituel, il paraissait évident, aux yeux des architectes, de créer un lien particulier entre cet immeuble d'habitation et l'espace boisé alentour. L'esthétique épurée et le recours à des matériaux naturels ont permis d'établir une réelle symbiose entre l'édifice et son environnement. La colonnade qui soutient les balcons en est l'exemple le plus probant : constituée de troncs d'arbres, celle-ci donne l'impression que la construction se fond dans le paysage (les brise-vue séparatifs sur les balcons sont également constitués de troncs, plus fins). Les habitants peuvent observer la nature depuis chez eux comme s'ils se promenaient en forêt. Le revêtement de la façade, en bois récupéré de la digue qui servait autrefois à canaliser les berges de la rivière voisine, accentue le sentiment de fusion entre architecture et verdure.
Un couloir ouvert végétalisé, qui traverse le bâtiment de part en part, est relié à des chemins de promenade dans le parc arboré, faisant ainsi entrer la nature au cœur de l'édifice. Ce passage intérieur remplit deux fonctions essentielles : c'est un lieu de rencontre et d'échanges entre les résidents, et un espace frais et abrité qui participe à la régulation thermique de l'immeuble.

GAAGA

Installée à Delft, aux Pays-Bas, l'agence d'architecture GAAGA a été fondée par l'architecte Esther Stevelink et l'ingénieur Arie Bergsma, qui considèrent la transition vers des modes de construction et de vie durables comme l'un des défis essentiels de notre époque. Ils consacrent donc toute leur énergie à explorer de nouveaux moyens pour y parvenir. Les «bâtiments respectueux des personnes et de l'environnement» conçus par l'agence sont conformes aux principes de circularité et du développement durable, impliquant une économie importante des matériaux et ressources utilisés. Si l'habitat collectif est au cœur de ses projets, toutes les réalisations de GAAGA mettent l'accent sur l'adaptation aux nouvelles conditions climatiques, la modularité et l'emploi de matériaux naturels et recyclables.

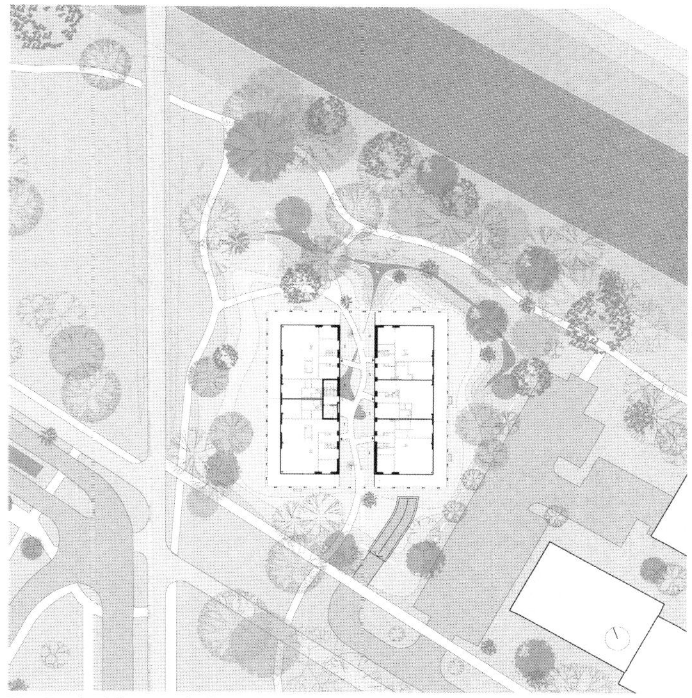

Het Bosbad («Bain de forêt»), Eindhoven, Pays-Bas, 2022

Un habitat contemporain en phase avec la nature

Quiconque vit dans cet immeuble bénéficie ainsi de la nature au seuil de son domicile. La présence de matériaux biosourcés dans la structure de l'édifice permet un rapport harmonieux entre celui-ci et son environnement. D'un point de vue sensoriel, habiter cet endroit donne presque l'impression de s'immerger dans une forêt. C'est l'une des idées centrales de l'agence : l'architecture doit permettre aux usagers de se sentir parfaitement à l'aise dans les lieux qu'ils occupent et d'établir un lien fort avec eux. L'aménagement minutieux du «bain de forêt» en est la preuve éclatante. Malgré sa taille imposante, l'immeuble ne domine pas la nature environnante. La légèreté de la structure, avec ses troncs d'arbres élancés, ses balcons très ouverts et ses grandes fenêtres, offre un cadre de vie agréable.

Tout est également conçu pour que le bâtiment dure longtemps, selon les principes de l'économie circulaire. Les architectes de GAAGA s'attachent à réaliser des édifices constitués à la fois d'éléments permanents et d'autres modifiables, qui pourront donc connaître des transformations au cours de leur vie. Cette démarche «implique de prendre en compte la durabilité variable des différents éléments de construction et de les dissocier selon leurs cycles de vie respectifs», expliquent les responsables de l'agence.

Junya Ishigami

« Je veux faire de l'architecture la nouvelle nature. » Junya Ishigami

L'architecte japonais Junya Ishigami se dit inspiré par l'emplacement sur lequel ses projets seront bâtis et par leur contexte naturel. Sa démarche originale et visionnaire l'incite à concevoir l'architecture à la manière d'un environnement en soi. Ses édifices sont d'autant plus intrigants qu'ils semblent affranchis de toute contrainte pratique. Pour mieux les intégrer à leurs lieux respectifs, l'architecte ne revendique aucun style particulier, préférant se laisser guider par les spécificités du site. Les deux exemples évoqués ici illustrent particulièrement son attitude.
Posé au bord d'un lac artificiel dans la province de Shandong, le musée d'art Zaishui, dont la structure s'étale sur un kilomètre, fait écho à l'immensité des paysages chinois. Junya Ishigami s'est attaché à effacer la limite entre l'architecture et la nature. Comprenant un espace d'exposition, un centre d'accueil des visiteurs et des boutiques, cet édifice tout en longueur ressemble, selon les mots de l'architecte, « à une traînée de vent qui passerait au-dessus du lac ». Sa silhouette délicate est dominée par la courbe organique de la toiture qui, en certains endroits, paraît affleurer à la surface du lac avant de se redresser vers le ciel. Cette structure légère se fond dans son environnement, qui s'immisce même à l'intérieur, puisque plusieurs parties immergées des murs en verre présentent des interstices laissant passer l'eau. Ainsi, explique l'agence, « un nouvel espace extérieur naît à l'intérieur de la structure ». Comme suspendu dans les airs, juché sur une rangée de colonnes plantées tels des pilotis, ce musée tout en transparence offre aussi aux visiteurs un immense panorama sur le lac.

Musée d'art Zaishui, Rizhao, province de Shandong, Chine, 2023

Maison et restaurant, Ube, Japon, 2022

Construire avec les éléments naturels

À Ube, au Japon, Junya Ishigami a fait littéralement creuser et sculpter dans le sol un édifice troglodyte qui abrite une maison familiale et un restaurant. Il a ainsi pleinement satisfait le désir exprimé par le commanditaire dans le cahier des charges : « quelque chose qui ait la rugosité de la nature ». Le terrain a d'abord été creusé selon la forme recherchée, puis du béton a été coulé pour renforcer la structure, avant d'excaver les différents volumes. Des parois en verre insérées dans les ouvertures de la « construction » finale laissent entrer la lumière naturelle. « Nous avons partagé, évalué et référencé toutes les imprécisions et les divers accidents survenus sur le site pour créer un modèle d'architecture qui intériorise les distorsions et les incertitudes naturelles », commente l'architecte. Des visualisations en 3D ont permis d'ajuster la conception initiale à la réalité du terrain.

Cette structure organique est séparée en deux parties : le restaurant situé au nord et les pièces résidentielles au sud. Entre ces deux espaces, trois cours intérieures d'agrément assurent un apport suffisant de lumière et sont traversées par les canalisations. Les clients du restaurant viennent manger comme s'ils étaient les amis de la famille propriétaire des lieux. Lorsque celui-ci est fermé, sa grande salle offre un espace privé supplémentaire. Cadre de vie insolite par la texture de ses surfaces, cette architecture excavée offre l'expérience rare d'habiter une grotte. Ici encore, Junya Ishigami parvient à fusionner le bâti avec son environnement naturel.

JUNYA ISHIGAMI

Junya Ishigami est l'un des architectes japonais les plus influents de notre époque. Explorant sans cesse de nouvelles formes inspirées et façonnées par le site où il construit, il y intègre l'environnement d'une façon ingénieuse et qui met la nature en valeur. Toujours prompt à sortir des sentiers battus et à contredire les règles établies, Junya Ishigami est apprécié bien au-delà du Japon pour ses réalisations à mi-chemin entre poésie et science. Son architecture tire sa singularité d'une continuité presque fusionnelle entre intérieur et extérieur, le paysage conférant son identité à chaque édifice. Ayant commencé son parcours auprès de Kazuyo Sejima au sein de l'agence SANAA, Junya Ishigami a fondé junya.ishigami+associates en 2004.

Picasso

Hiroshimi Nakamura & NAP

« C'est une bibliothèque dédiée à la terre qui s'imprègne de sa sagesse et de celle des êtres humains. » Hiroshi Nakamura

Hiroshi Nakamura est aujourd'hui reconnu pour ses bâtiments aux formes subtiles et expressives qui entretiennent une réelle harmonie avec leur environnement. Quels que soient les volumes et les surfaces à construire ou les spécificités du milieu naturel dans lequel il est amené à travailler, l'architecte japonais crée un lien exceptionnel entre l'édifice et le paysage.
La Library in the Earth (« Bibliothèque enfouie ») de Kurkku Fields, au Japon, livrée en 2022, en est l'une des meilleures illustrations. Située au cœur d'une ferme expérimentale doublée d'un musée d'art en plein air, la bibliothèque est enfouie dans le sol et recouverte d'un toit végétal. Cet espace de détente destiné aux agriculteurs en formation dans la région s'apparente à une anfractuosité. Vue du ciel, la structure ressemble à une immense goutte d'eau. La pente douce qui descend de l'allée principale vers la bibliothèque en contrebas conduit à une cour ovale ceinte d'un mur transparent. Derrière cette immense baie vitrée, des étagères de livres qui vont du sol au plafond attendent les lecteurs. L'intérieur de la bibliothèque est constitué de trois parties reliées entre elles et dont la hauteur de plafond varie selon la topographie de la pente. Certaines pièces ont un plafond si bas que seuls les enfants peuvent y entrer. L'espace le plus impressionnant se situe à l'extrémité du souterrain, là où le terrain a été surélevé pour aménager une salle pouvant accueillir des lectures publiques. Sous un plafond en dôme percé d'un oculus, des rayonnages y entourent les sièges disposés en gradins.

Library in the Earth (« Bibliothèque enfouie »), Kisarazu, Japon, 2022

Une architecture qui se fond dans la nature

De l'extérieur, la pelouse plantée de façon à déborder du toit dissimule la construction qui se trouve en dessous. À l'intérieur, Nakamura et son équipe ont recréé l'atmosphère d'un terrier avec des murs, un sol et un plafond en terre, et une structure en boyau. Le poids de la toiture est entièrement supporté par le mur de soutènement qui longe le périmètre intérieur et par quelques parois perpendiculaires. L'absence de colonnes et de poutres contribue à l'ambiance confortable et apaisée de la bibliothèque.
Les étagères taillées dans le bois et les coins lecture qui y sont intégrés composent un lieu accueillant, propice à la détente et à la concentration. Le local technique est séparé des espaces publics par un mur, qui permet notamment d'éviter la condensation et garantit une ventilation correcte de toutes les salles.

HIROSHI NAKAMURA & NAP

Titulaire d'une maîtrise en architecture obtenue en 1999, Hiroshi Nakamura a rejoint l'agence Kengo Kuma & Associates, avant de se mettre à son compte en 2002. Le bureau d'architecture et de design Hiroshi Nakamura & NAP a depuis œuvré dans divers domaines, allant de l'urbanisme au design industriel. La quête d'une relation organique entre l'architecture, la nature et le corps humain a amené Hiroshi Nakamura à forger le concept de « design au microscope », élaboré à partir des phénomènes naturels, des comportements humains et des émotions. Selon lui, œuvrer en phase avec l'histoire, la culture, les matériaux et les caractéristiques locales est la clé de réussite de tout projet. L'architecture et l'art des jardins du Japon traditionnel sont ses références de prédilection.

Library in the Earth (« Bibliothèque enfouie »), Kisarazu, Japon, 2022

Rozana Montiel Claudia Rodríguez

« Nous aimons mêler et relier des projets de dimensions et d'esprit différents pour susciter une dynamique positive entre le paysage, l'environnement et les habitants. » Rozana Montiel

L'une des ambitions de Rozana Montiel est de donner du sens aux matériaux. Conjuguant les éléments de construction, les textures et l'atmosphère propre à un lieu, l'architecte mexicaine s'efforce de créer un sentiment d'identité et d'appartenance. Ces trois composantes doivent en outre être en phase avec le contexte dans lequel s'inscrivent ses projets, qu'il s'agisse d'un milieu urbain ou rural. Rozana Montiel considère le paysage comme une donnée centrale et fait en sorte que ses réalisations soient bénéfiques à l'environnement. Deux résidences secondaires situées à Valle de Bravo, au Mexique, conçues en collaboration avec l'architecte Claudia Rodríguez, illustrent notamment cette démarche écologique. Bâties dans la réserve naturelle El Peñón, au milieu d'une forêt de chênes, elles s'insèrent harmonieusement dans la végétation alentour, sans dénaturer la beauté du site.

Rozana Montiel aime comparer la Casa Encinos à une cabane perchée dans un arbre. Composée de plusieurs parties reliées entre elles par des allées, la maison est placée sous le signe de l'aventure. Sa structure insolite, en bois laminé certifié, se fond dans la nature luxuriante, dont les occupants profitent ainsi pleinement. « Les volumes de hauteurs variées, les terrasses et les portes coulissantes permettent de moduler les espaces, selon les besoins, en intérieurs ou en extérieurs. Ceux-ci intègrent spontanément la végétation environnante », expliquent les architectes. Afin de la préserver des animaux sauvages et de l'humidité, la maison est bâtie sur pilotis.

Casa Encinos, Valle de Bravo, Mexique, 2022

Quand le paysage définit l'architecture

La Casa Nidos est une agréable résidence de vacances qui se divise en trois zones : la première comprend l'entrée, le parking et un espace d'accueil ; la deuxième, centrale, accueille un vaste édifice horizontal qui abrite les pièces communes ; dans la troisième zone, en contrebas, se trouvent les bungalows des visiteurs, un point d'eau et un jardin potager. La construction principale est suspendue au-dessus du sol, reposant sur une série de murets porteurs qui l'isolent de l'humidité. Ainsi surélevée, elle offre aux vacanciers une meilleure vue sur la nature alentour tout en réduisant considérablement son emprise au sol – de 10 m² seulement –, afin de protéger l'écosystème du site.

Cette maison est en béton, mais son allure générale est légère grâce aux nombreuses fenêtres qui invitent la nature à l'intérieur. Une finition couleur bois adoucit l'impact visuel du matériau en l'harmonisant aux teintes de la végétation ambiante. Un souci réel de cohérence entre la construction et le paysage environnant caractérise ces deux projets. Très différentes par leur structure et leur volumétrie, les deux résidences s'intègrent habilement au milieu boisé, faisant presque oublier le contraste saisissant entre le naturel et le bâti. L'architecture devient ainsi partie intégrante du paysage.

ROZANA MONTIEL

Rozana Montiel a créé l'agence Rozana Montiel Estudio de Arquitectura (REA) à Mexico en 2001. Son équipe pluridisciplinaire conçoit une grande variété de projets, allant du graphisme à l'urbanisme. La conception architecturale et la conceptualisation artistique de l'espace, tant privé que public, représentent son cœur d'activité. Rozana Montiel développe également une réflexion sur l'agencement des pièces d'habitation et la mise en avant des matériaux de construction. L'architecte plaide pour convertir « les immeubles sous-affectés ou vides afin qu'ils deviennent des exemples de durabilité et de revalorisation des espaces existants ». Elle souhaite créer des lieux qui rapprochent les personnes et soient perçus comme « des points d'ancrage pour l'équité, la diversité et la résilience ».

CLAUDIA RODRÍGUEZ

Claudia Rodríguez dirige une petite agence d'architecture installée à Mexico, spécialisée dans les espaces naturels. Ses réalisations vont de la construction de maisons individuelles à l'aménagement du territoire. Portée par une démarche pluridisciplinaire, l'architecte prend un soin particulier à intégrer les notions de durabilité et de résilience à tous ses projets, qu'ils soient situés en milieu urbain, périurbain ou rural.

Casa Nidos, Valle de Bravo, Mexique, 2021

TAA Design

« Protégés par une couverture végétale enveloppant le bâtiment, tous les bureaux bénéficient d'une jolie vue sur la verdure. »

Rendre les villes plus vertes est l'objectif principal de l'agence TAA Design, qui préconise une architecture non invasive, fonctionnelle et durable. Le siège de l'entreprise Tony Fruit, à Hô Chi Minh-Ville, au Vietnam, a été conçu pour offrir les meilleures conditions de travail à ses employés tout en intégrant la végétation tropicale à l'édifice. Construit à l'angle de deux rues, dans un quartier d'affaires très dynamique, l'édifice joue volontairement avec les formes géométriques. Les deux façades, l'une faisant face à un grand jardin public, l'autre à une place, sont exposées au soleil toute la journée.

Afin d'éviter une chaleur excessive à l'intérieur des bureaux, les architectes ont constitué ces façades en empilant à la façon d'un escalier des modules cubiques en bois ajourés. Ce dispositif permet de ménager des espaces ombragés et agrémentés de plantes, créant une atmosphère de verdure apaisante pour les usagers sans obstruer la vue. « Chaque étage compte plusieurs îlots verts, qui composent un ensemble visible depuis tous les bureaux. Le cadre de travail quotidien s'en trouve amélioré », précisent les architectes. Cet immeuble à la structure originale bénéficie ainsi d'un éclairage naturel indirect, filtré à la fois par les plantes et par l'emplacement des fenêtres en retrait des façades.

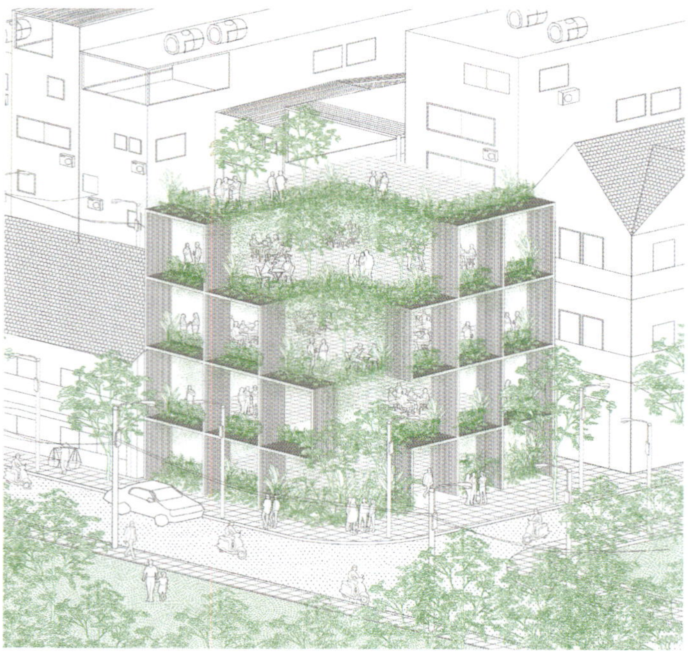

Siège de la société Tony Fruit, Hô Chi Minh-Ville, Vietnam, 2020

Phu My Garden, Phu My, Vietnam, 2020

Une oasis de verdure dans le tissu urbain

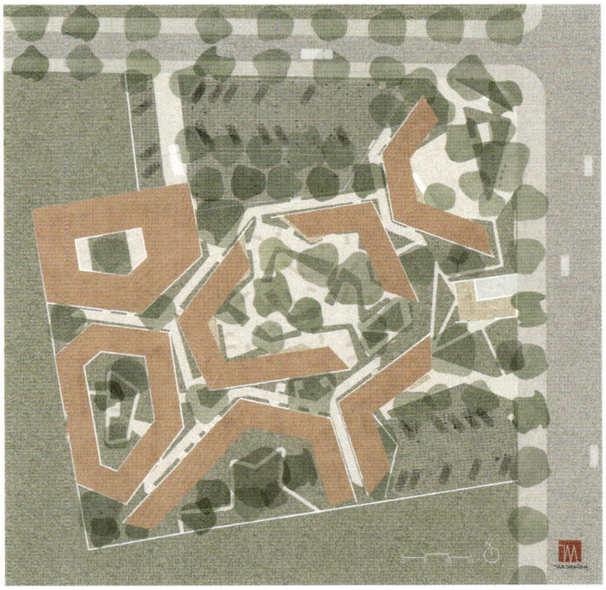

Autre projet de TAA Design dans une grande ville vietnamienne, le complexe Phu My Garden illustre lui aussi le désir de l'agence d'imbriquer l'architecture et la végétation qui l'entoure. Situé dans un quartier en pleine expansion où les espaces publics font défaut, il se compose d'un ensemble de bâtiments disposés afin d'offrir à chacun un panorama unique. Des restaurants, des espaces de loisirs et une aire de jeux pour enfants sont répartis autour d'une vaste cour centrale. L'esthétique simple des constructions, avec leurs toits inclinés en tuiles, leurs colonnades et leurs murs largement ouverts, s'inspire de l'architecture traditionnelle du pays. Chaque bâtiment se divise entre un espace privatif, protégé par un mur parsemé de fenêtres, et un autre qui permet d'accéder à la cour centrale. L'aménagement du site incite à déambuler entre les édifices, au cœur d'une nature luxuriante. Le béton brut et le bois utilisés pour la construction constituent un arrière-plan neutre pour les grands arbres et les buissons. Les architectes ont su donner un supplément d'âme au quartier grâce à cet harmonieux ensemble multifonctionnel parcouru d'une abondante végétation.

Siège de la société Tony Fruit, Hô Chi Minh-Ville, Vietnam, 2020

TAA DESIGN

L'agence d'architecture, de décoration intérieure et de paysagisme TAA Design est installée à Hô Chi Minh-Ville, au Vietnam. Elle compte à son actif des maisons individuelles, des complexes résidentiels, des équipements culturels, des hôtels et des espaces de bureaux. Ses architectes ont la volonté de concevoir des bâtiments qui s'insèrent avec justesse dans le tissu urbain tout en étant pratiques et originaux. L'une de leurs signatures caractéristiques est d'envelopper les constructions d'un revêtement végétal afin de créer des îlots de nature au cœur des villes.

Wallflower Architecture + Design

« Un havre de tranquillité et de sérénité niché au cœur d'une végétation luxuriante »

La villa Touching Eden résume à elle seule la philosophie de Wallflower Architecture + Design : faire coexister harmonieusement un mode de vie urbain et la nature. Sa construction en lisière du magnifique jardin botanique de Singapour, premier site de la ville-État inscrit au patrimoine mondial de l'Unesco, a demandé à l'agence de redoubler d'ingéniosité pour adapter le projet aux contraintes liées à cet emplacement unique. La villa est non seulement insérée au cœur d'un jardin tropical luxuriant, mais est elle-même constituée d'éléments végétaux, selon le souhait des architectes. De la vigne et des plantes grimpantes s'entremêlent délicatement sur ses façades pour accentuer l'effet d'immersion. Au fur et à mesure de la croissance des végétaux, le bâtiment se fondra dans le paysage au point de devenir presque invisible. Grâce à cette « tapisserie de végétation exubérante », telle que ses concepteurs ont décrit l'enveloppe de verdure, la transition entre l'architecture et la nature se fait en douceur. D'autres plantes tombent, en cascade, depuis le toit-terrasse, formant un écran qui assure ainsi plus d'intimité aux habitants. Leur feuillage filtre la lumière du soleil dans un fascinant jeu d'ombre et de lumière. Enfin, de petites terrasses aménagées le long des grandes fenêtres sont agrémentées de plantes en pot, comme pour inviter le jardin à pénétrer dans la villa. L'apport abondant de lumière naturelle par les grandes baies vitrées parachève le lien entre l'intérieur de la maison et le jardin.

Habiter au cœur de la nature

La relation étroite entre le bâti et l'environnement naturel voulue par Wallflower Architecture + Design a trois effets bénéfiques. D'abord, une symbiose parfaite entre la végétation tropicale et la maison, selon un ordre des choses inversé de façon atypique, puisque, ici, la nature a conquis l'architecture. Ensuite, les habitants jouissent d'une certaine tranquillité sans devoir s'abriter derrière de hauts murs : l'enveloppe verte est propice au repos après une journée passée dans le tumulte de la ville.

Touching Eden House, Bukit Timah, Singapour, 2023

Touching Eden House, Bukit Timah, Singapour, 2023

Enfin, la villa offre un panorama extraordinaire sur le jardin botanique et ses plantations : placés au dernier étage, le bureau et la salle de sport bénéficient notamment d'une vue imprenable sur la canopée.
Par ailleurs, le choix d'intégrer la nature à l'architecture correspond parfaitement au climat local : les plantes préservent l'intérieur de la chaleur, réduisant d'autant le recours à un système de climatisation énergivore.
Toutes les pièces ont été aménagées pour procurer un sentiment de confort et de plénitude.
Les architectes ont ainsi utilisé des matériaux naturels tels que le travertin et le granit.
Quant à la décoration intérieure, elle associe des tissus aux teintes rappelant celles de la terre et des panneaux de bois.

WALLFLOWER ARCHITECTURE + DESIGN

Tan Chai Chong Robin et Cecil Chee ont cofondé Wallflower en 1999. Installés à Singapour, les deux architectes se sont spécialisés à la fois dans les espaces commerciaux et les immeubles résidentiels. Dans ce dernier domaine, ils ont su innover en fusionnant le bâti avec la nature environnante. L'agence privilégie les projets dont elle assume l'entière responsabilité, tant pour la conception extérieure (intégration au paysage) que dans l'aménagement intérieur (luminaires et mobilier). Le but est de tirer le meilleur parti de l'environnement afin d'offrir aux usagers un cadre de vie en harmonie avec la nature.

Sanjay Puri Architects

« Concevoir des structures adaptées aux besoins des populations est l'essence même de notre démarche. » Sanjay Puri

Implanté au cœur d'un paysage désertique dans l'État du Rajasthan, en Inde, le centre communautaire de Nokha a été conçu comme un pôle associatif multigénérationnel pour les habitants des 144 villages de la région. Son aspect sophistiqué et verdoyant contraste étrangement avec l'aridité de la nature aux alentours, même si les sinuosités du bâtiment font écho à la topographie du désert de sable. Au sein des arabesques, plusieurs salles destinées aux activités du centre ont été aménagées en tenant compte du climat spécifique du lieu : pour surmonter les températures extrêmes, l'esthétique se met ici au service de la fonctionnalité. Construit par des artisans locaux avec des matériaux disponibles aux environs, le centre reflète les aspirations de Sanjay Puri, en particulier son désir de réaliser « des espaces conçus de manière holistique pour leurs usagers, des lieux qui favorisent les relations humaines ». La cour centrale, orientée au nord, dicte l'ordonnancement du complexe. Elle est bordée d'un côté par des gradins qui permettent de la transformer en amphithéâtre pour des représentations artistiques ou des conférences.

De l'autre côté, le bâtiment en spirale constitue une enceinte protectrice contre les rayons du soleil. Il est composé de deux ailes en pente qui se croisent au centre d'un arc de cercle. Sous forme d'une rampe concentrique plantée d'herbe, la toiture sert aux activités récréatives et aux rassemblements en plein air, et offre un point d'observation du paysage environnant. Son inclinaison douce la rend accessible aux usagers de tout âge. Un musée consacré aux traditions locales et une bibliothèque numérique pour enfants forment les deux pôles principaux à l'intérieur de l'édifice.

Centre communautaire du village de Nokha, Silwa-Mulwas, Rajasthan, Inde, 2024

Une architecture responsable

Dans une région désertique où les températures avoisinent les 35 à 40 °C une grande partie de l'année, il était essentiel de réduire le plus possible les apports de chaleur. L'édifice est donc entouré d'est en ouest d'une pente herbeuse, qui évoque les traditions architecturales du Rajasthan. De même, des parois en grès ajouré méticuleusement assemblées enserrent la bibliothèque en ellipse et créent à l'intérieur un fascinant jeu d'ombre et de lumière. Pour la partie musée, des niches creusées dans la colline végétalisée filtrent la vive lumière extérieure, projetée sous forme de halos. La collecte des eaux pluviales et le recyclage des eaux usées complètent ce dispositif écoresponsable. « Notre engagement en faveur du développement durable est au cœur de la conception du centre », souligne l'équipe de l'agence. Grâce à une emprise au sol de 800 m² pour un espace utile cinq fois plus grand, l'artificialisation du terrain est amoindrie. Ce centre communautaire à la silhouette organique et à l'agencement dynamique constitue un phare de l'activité sociale et culturelle dans la région.

SANJAY PURI ARCHITECTS

Sanjay Puri a fondé l'agence qui porte son nom à Mumbai, en Inde, en 1992. Depuis plus de trente ans, ses réalisations sont placées sous le signe de l'harmonie avec le paysage et de l'adaptation aux conditions climatiques des sites qui les accueillent. Tant les immeubles résidentiels, les maisons et les villas, que les bureaux et les hôtels ou encore les équipements culturels et les écoles témoignent de son souci du développement durable et d'une cohésion avec le contexte local. Ses bâtiments aux formes originales et aux couleurs affirmées illustrent une vision sculpturale de l'architecture capable de réinventer son environnement, qui lui a valu de nombreux prix.

Centre communautaire du village de Nokha, Silwa-Mulwas, Rajasthan, Inde, 2024

ilimelgo Architectes

« Nous avons [...] besoin d'inventer, de nous aventurer en terre inconnue pour prendre la mesure des nouveaux usages. Comme pour le projet de la Cité maraîchère, formidable outil pédagogique tourné vers une meilleure alimentation locale, qui interroge sur nos manières de vivre et de nous alimenter en ville. »

Imaginer et bâtir la ville de demain est l'un des objectifs d'ilimelgo Architectes. L'ambition de ses associés est de transformer notre mode de vie en rendant les villes plus vertes, plus accessibles et plus innovantes. L'un des projets novateurs élaboré par l'agence, la Cité maraîchère, explore ainsi les opportunités de l'agriculture en ville : commandée par la municipalité de Romainville, en banlieue parisienne, la Cité permet aux habitants du quartier de s'initier à la culture de fruits et légumes de qualité et d'en consommer toute l'année. Réponse pragmatique au risque d'insécurité alimentaire lié au changement climatique et à une forte démographie mondiale, cette serre urbaine verticale réduit également l'impact carbone de la production maraîchère, en évitant un transport des récoltes sur de longues distances. Le bâtiment, construit dans un quartier très animé, est un véritable « laboratoire du vivant », preuve concrète que l'architecture peut se mettre au service de l'agriculture durable et accélérer la transition écologique des villes.

« Conçu comme un environnement bioclimatique contrôlé, la Cité dispose de systèmes de ventilation et d'éclairage naturels ainsi que d'une isolation thermique très performante », expliquent les architectes. L'aspect fonctionnel de cet édifice spécifiquement pensé pour le développement de l'agriculture urbaine s'impose au premier regard grâce à ses formes épurées. Un réservoir destiné à la collecte des eaux pluviales et un chauffage au bois complètent le dispositif d'utilisation des ressources naturelles.

Cité maraîchère, Romainville, France, 2021

Agriculture urbaine et pédagogie

La conception du bâtiment a commencé par une étude de l'exposition au soleil de la parcelle, afin d'optimiser son orientation pour le développement des cultures. Les architectes entendaient créer une serre horticole qui ressemblerait à un immeuble industriel en termes de fonctionnalité, d'usage rationnel de l'espace et de modularité. L'un des buts affichés est d'encourager les relations sociales entre les usagers de la Cité maraîchère. En donnant à ses administrés la possibilité de cultiver leur propre potager en milieu urbain et en réunissant tous ceux qui le souhaitent autour de ce projet commun, la municipalité insuffle une nouvelle dynamique au quartier. La construction, réalisée à partir d'éléments préfabriqués assemblés sur place, est en phase avec son esprit novateur. Tout en se conformant strictement aux règles d'urbanisme en vigueur, la Cité maraîchère est bien intégrée au quartier environnant, lui-même en pleine réhabilitation. Le rez-de-chaussée, accessible à tous et modulable, propose des activités pédagogiques et comprend un lieu de vente des produits cultivés. Il donne sur les jardins d'apprentissage installés au pied de la serre, à l'ouest. Le premier étage, aménagé en mezzanine surplombant ces cultures de pleine terre, est ouvert au public, tandis que les étages supérieurs et le sous-sol sont destinés aux plantations hors-sol. Les architectes ont non seulement créé des conditions optimales pour la culture maraîchère, mais astucieusement conçu les espaces de circulation au sein de l'immeuble afin de réduire les distances à parcourir. Le projet a atteint la *short list* de l'édition 2022 du prix d'architecture Mies Van der Rohe de l'Union européenne.

ILIMELGO ARCHITECTES

Fondée par Valérian Amalric et codirigée par Catherine Gascon, l'agence ilimelgo dispose de bureaux à Paris et à Rennes. L'impact du changement climatique et l'urgence d'y remédier notamment grâce à des solutions architecturales sont deux thèmes majeurs des projets conçus et réalisés par ilimelgo. Les membres de l'équipe plaident pour une architecture plus fonctionnelle et mieux adaptée à son contexte, un modèle qui s'inscrit dans une démarche respectueuse de l'environnement et du paysage. Leurs recherches sur les nouveaux matériaux biosourcés, comme le très prometteur béton à base de chanvre, vont dans ce sens.

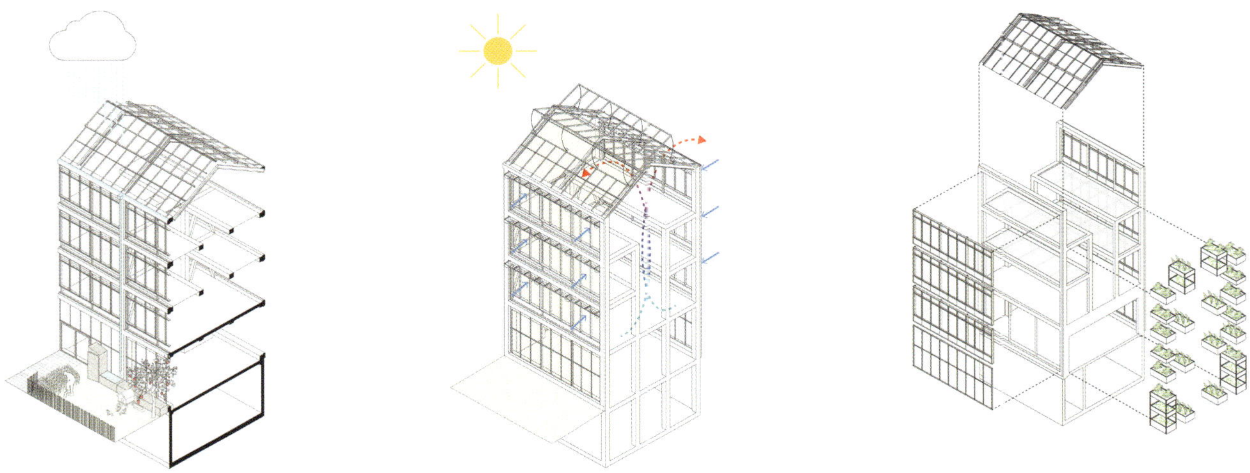

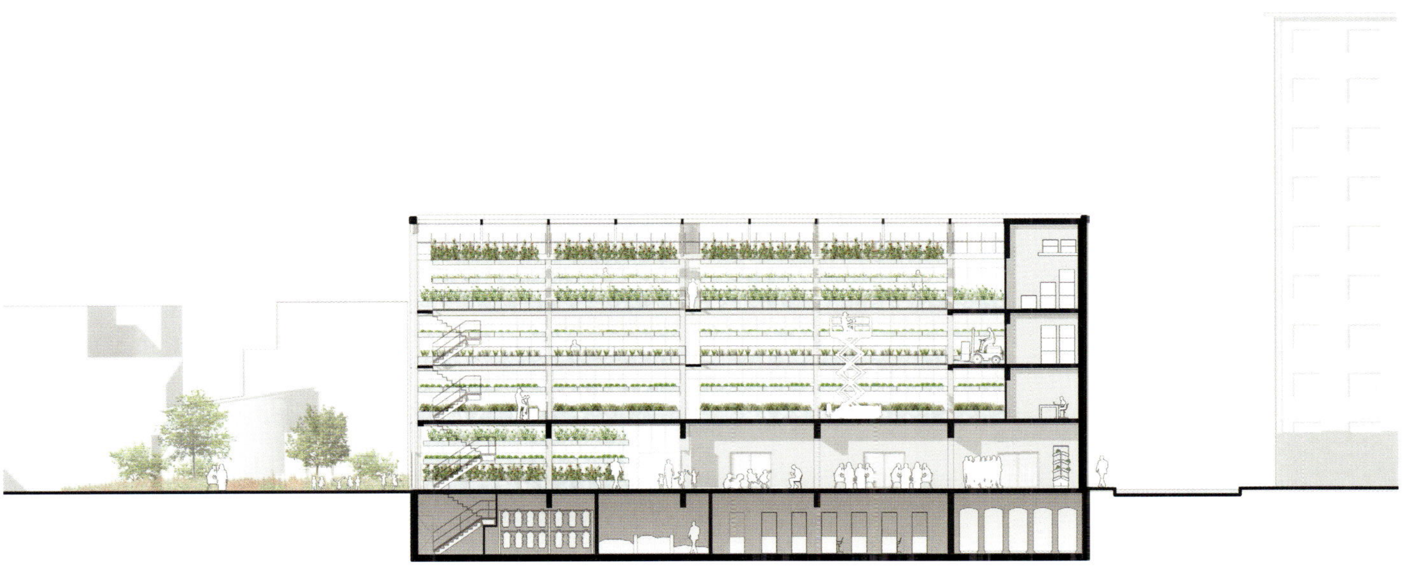

Cité maraîchère, Romainville, France, 2021

RÉINVENTER EN TRANSFORMANT

Bien qu'encore peu mise en œuvre, la reconversion de bâtiments anciens est une solution favorable au développement durable. Pourtant, les architectes et leurs clients continuent souvent à opter pour des structures neuves plutôt que de chercher à transformer des volumes existants. On assiste néanmoins, ces dernières années, à un tournant dans ce domaine, probablement motivé par une approche plus responsable et par une vision esthétique nouvelle. La réhabilitation architecturale est devenue « tendance » un peu partout dans le monde. Un respect accru pour le patrimoine et la grande inventivité des architectes contemporains ont ainsi transformé des édifices qui paraissaient condamnés : la beauté du vieux se marie finalement bien avec les exigences de confort de la vie moderne. Si, dans la plupart des cas, les architectes s'efforcent de relier harmonieusement passé et présent, dans d'autres, ils mettent en scène le contraste entre les deux styles.

« Recycler » des constructions anciennes est tout aussi envisageable en milieu urbain qu'en zone rurale, même si une bâtisse située dans un endroit isolé demande souvent plus d'efforts et d'inventivité. Les architectes contemporains n'hésitent pas à recourir aux dernières technologies tout en restant fidèles aux volumes originels. De vieilles demeures peuvent être ainsi équipées pour atteindre l'autosuffisance énergétique sans dénaturer l'environnement. Juxtaposer l'ancien et le neuf a pour effet de transformer et de revivifier le contexte dans lequel s'inscrit le bâtiment concerné, qui offre un cadre exceptionnel à ses occupants. Mais les principaux mérites de la reconversion architecturale sont la préservation d'édifices chargés d'histoire et la réduction significative de l'impact de la construction. Tels sont les buts du développement durable.

Amelia Tavella

« J'ai toujours construit ainsi sur mon île natale : comme une archéologue qui réunit ce qui était, ce qui est et ce qui sera ; je n'enlève rien, j'accroche, je relie, j'appose, je glisse, en m'appuyant sur le fondement initial, sur l'œuvre originelle. » Amelia Tavella

La restauration du couvent Saint-François, dans le village corse de Sainte-Lucie-de-Tallano, a valu à Amelia Tavella d'être parmi les finalistes des EUMies Awards 2024 (prix européens d'architecture contemporaine). Les bâtiments conventuels, dont l'édification remonte à 1492, avaient d'abord servi de château défensif avant d'être voués à un usage religieux puis de tomber lentement en ruine. Le site a été habilement reconverti en centre culturel par Amelia Tavella dans le respect des volumes originels et du paysage environnant. La tâche s'est avérée ardue : il s'agissait « de ressusciter le passé sans jamais le trahir ». Son œuvre prouve que des décisions mûrement réfléchies peuvent faire revivre des murs vieux de plusieurs siècles tout en leur apportant une touche de modernité. L'architecte a restitué avec originalité l'âme de l'édifice : « J'ai choisi de garder les ruines et de remplacer la part arrachée, part fantôme, en œuvre de cuivre qui deviendra Maison du territoire », précise-t-elle. Cette nouvelle structure, bâtie en cuivre perforé filtrant les rayons de lumière à la manière des vitraux, tranche nettement avec les éléments plus anciens mais ne domine nullement les lieux : bien au contraire, ce matériau atypique met en valeur les pierres chargées d'histoire. Le grand volume ajouté produit un effet visuel saisissant. L'emplacement spectaculaire du monument, niché au milieu des montagnes et surplombant un village pittoresque, accentue la féerie.

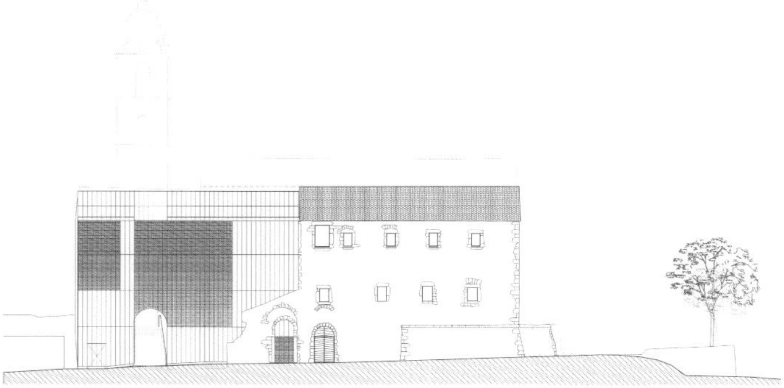

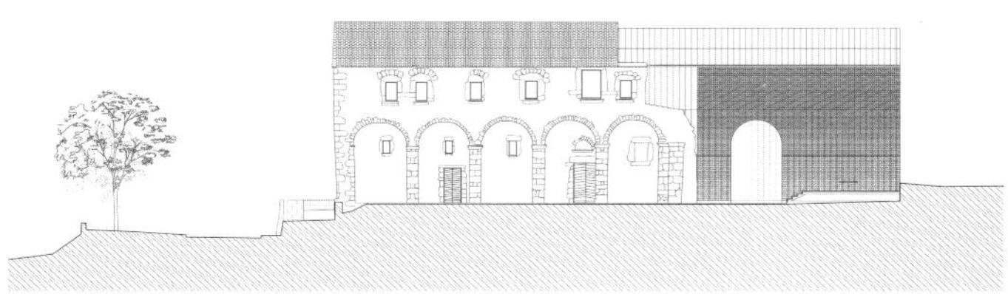

Couvent Saint-François, Sainte-Lucie-de-Tallano, Corse, France, 2022

Cohabitation harmonieuse du passé et de la modernité

Les ruines de ce monument historique ont servi de point de départ à la réflexion d'Amelia Tavella. La mémoire du lieu a inspiré ses choix pour la réhabilitation, permettant à l'architecte d'imaginer ce qui pourrait se substituer à la partie manquante du couvent. La nouvelle silhouette reprend précisément les contours d'origine, en lui conférant une modernité subtile. Le reste de l'édifice n'a en rien été altéré. L'architecte a également pris grand soin de la végétation aux alentours, s'assurant que le chantier de reconstruction ne l'affecte pas. La beauté de la nature corse est d'ailleurs l'une des principales sources d'inspiration d'Amelia Tavella. À ses yeux, l'architecture est appelée à entrer en symbiose avec l'environnement naturel.

À l'intérieur de l'édifice, le passé et le présent, l'histoire et la modernité se côtoient dans un dialogue empreint d'harmonie malgré le contraste des matériaux. S'il est évident que les deux parties appartiennent à des époques différentes, leur coexistence semble aller de soi. Amelia Tavella insiste sur le caractère non invasif de la restauration : « J'aime la notion d'un retour toujours possible à l'état de ruine, l'idée que la partie en cuivre puisse être démontée – cette option est une marque de déférence et de respect pour le passé, pour l'héritage corse. » La clé de cette réhabilitation réussie réside dans sa compréhension instinctive de l'histoire du site et dans sa volonté de s'y inscrire. L'architecte a choisi de travailler avec des artisans locaux, dont le savoir-faire et le sens artistique ont donné vie aux détails et aux formes qu'elle avait conçues.

AMELIA TAVELLA

Amelia Tavella a créé son agence d'architecture à Aix-en-Provence en 2007. Depuis lors, elle a travaillé aussi bien dans la restauration d'édifices anciens, dans la reconversion de sites que dans la construction d'immeubles neufs, notamment à vocation éducative, ainsi qu'en urbanisme. L'architecte est aujourd'hui connue pour son sens exceptionnel des matériaux, en particulier la pierre, le cuivre et le bois, qui lui permettent de traduire visuellement la quintessence de ses projets. Cet aspect de son œuvre se ressent particulièrement dans les chantiers de restauration, où son respect pour l'histoire des monuments l'incite à se laisser guider par l'esprit des lieux. Amelia Tavella puise son inspiration dans la beauté naturelle de la Corse, où elle est née et a de fortes attaches professionnelles.

Couvent Saint-François, Sainte-Lucie-de-Tallano, Corse, France, 2022

Studioninedots

« La circularité offre de nouvelles perspectives. »

Les architectes qui ont conçu 360 Degrees, dans le nord-ouest d'Amsterdam, en parlent comme d'un « monument emblématique de la revalorisation ». Abritant cent dix appartements, des commerces, un parking, ainsi qu'une jetée à usage collectif pour accéder à l'estuaire qu'elle borde, la résidence s'inscrit dans un plan de régénération d'une ancienne friche industrielle et de mise en valeur d'un canal fluvial. Le complexe, qui domine les édifices environnants par sa taille, attire également le regard par ses contours insolites. Afin de lui donner une apparence à la fois imposante et conviviale, Studioninedots a opté pour deux tours séparées posées sur un socle commun en forme de cascade. La structure en gradins des premiers étages est soulignée par une variation progressive des teintes utilisées en façade. L'agrandissement des fenêtres au fur et à mesure de l'élévation et les multiples terrasses ajoutent une touche de dynamisme aux volumes. Ces éléments inhabituels adoucissent l'allure massive du bâtiment et facilitent son intégration dans le contexte architectural du quartier, aux immeubles nettement plus bas. Les architectes ont d'ailleurs porté une attention particulière aux rapports avec ceux-ci et respecté scrupuleusement les impératifs liés à la revitalisation du site. « Nous avions pour ambition de créer une résidence dont chacune des faces aurait un caractère particulier et refléterait l'esprit du voisinage », précisent-ils. Au rez-de-chaussée, des boutiques et un espace d'accueil ouvrent le complexe sur la rue.

360 Degrees, Amsterdam, Pays-Bas, 2023

Adaptabilité, circularité et développement social durable

Dans le cadre du réaménagement en quartier résidentiel d'un ancien site industriel et de la transformation du canal de la Mer du Nord, 360 Degrees est un projet phare placé sous le signe de la circularité et de la construction écoresponsable. Sa forme en dégradé a été élaborée dans l'objectif de concilier développement durable et esthétique d'avant-garde. L'agence Studioninedots s'est associée à Front (anciennement StoneCycling), une entreprise *high-tech* spécialisée dans la fabrication de matériaux haut de gamme à partir de déchets, pour mettre au point la ligne WasteBasedBricks : des briques haute performance produites à partir de débris d'immeubles. La structure de 360 Degrees inclut ainsi 152 tonnes de résidus recyclés. Si ses façades sont, de ce point de vue, conformes aux principes du développement durable, ce n'est pas au détriment de la qualité esthétique, car ces briques, outre qu'elles sont de très bonne qualité, donnent un caractère élégant et chaleureux à l'édifice. Au-delà des nuances changeantes en façade, les architectes ont également joué des textures dans les parties intérieures de la résidence : certaines briques coupées, laissées à nu, mettent ainsi en exergue les résidus dont elles sont constituées.
Bien que la résidence ait été en partie construite selon des méthodes et des matériaux traditionnels, tel le béton, le recours massif à des briques issues du recyclage ouvre d'autres perspectives. Grâce aux nouvelles technologies, la revalorisation des déchets de construction, l'un des fondements de la circularité, donne des résultats probants sans que cela n'affecte la beauté de l'édifice. Studioninedots a en outre veillé à ce que les logements respectent les principes de développement social durable, offrant des pièces vastes, baignées de lumière naturelle, une vue toujours dégagée sur les alentours, des terrasses conviviales et quelques jardins en toiture.

360 Degrees, Amsterdam, Pays-Bas, 2023

STUDIONINEDOTS

L'agence Studioninedots, fondée à Amsterdam en 2011 par Albert Herder, Arie van der Neut, Vincent van der Klei et Metin van Zijl, s'est fixé deux objectifs : créer des bâtiments qui sortent de l'ordinaire et suivre les principes directeurs du développement durable. Les architectes conçoivent des immeubles de différentes tailles et typologies, et travaillent également sur des projets d'architecture intérieure et d'urbanisme. La revitalisation et la transformation de zones urbaines sont leur terrain de jeu favori. Ils s'efforcent aussi de promouvoir un mode de vie collectif et circulaire. Si chacun de leurs projets est minutieusement préparé, ils laissent souvent aux futurs utilisateurs des arbitrages décisifs. Convaincue que l'architecture peut influencer positivement le comportement et l'humeur des habitants, l'équipe de Studioninedots attache une importance particulière aux espaces communs qui encouragent les interactions sociales.

Mad arkitekter

« La sauvegarde des bâtiments anciens est cruciale pour forger une identité architecturale et pour comprendre l'histoire. Cela contribue vraiment à créer une société plus pérenne. »

L'agence norvégienne Mad arkitekter semble avoir trouvé la réponse à l'une des interrogations fondamentales du moment : comment l'architecture peut-elle utiliser les progrès technologiques et une meilleure connaissance des sites pour faire face aux défis climatiques et sociaux ? Spécialisés dans le réemploi de matériaux recyclés, ses architectes reconvertissent d'anciens bâtiments à l'aide d'éléments de construction revalorisés provenant d'autres immeubles. Ils réussissent parfois la prouesse de réutiliser des débris issus du même chantier après les avoir minutieusement rénovés. Leur modèle circulaire illustre à quel point le recours à des éléments recyclés est une piste d'avenir, d'autant qu'elle n'affecte en rien la qualité esthétique des projets. La rénovation spectaculaire par Mad arkitekter de l'immeuble de bureaux Kristian Augusts Gate 13 à Oslo en est sans doute le meilleur exemple. Édifié dans les années 1950, celui-ci a été ainsi sauvé de la démolition et transformé en un espace de travail flambant neuf. Une annexe de huit étages lui a été adjointe, dont la structure en acier et les façades ont été construites à l'aide de matériaux recyclés provenant de plusieurs sites en Norvège. Tout en conservant sa fonction initiale, le bâtiment a été rajeuni et complété d'un parking pour les vélos en sous-sol, d'une terrasse sur le toit et de nombreux espaces communs. Les architectes ont facilement surmonté certains obstacles, telle la faible hauteur sous plafond caractéristique des bâtiments des années 1950 : ils ont percé des ouvertures verticales sur plusieurs étages pour donner la sensation d'espaces agrandis et favoriser la circulation de l'air et de la lumière naturelle.

Immeuble Kristian Augusts Gate 13, Oslo, Norvège, 2020

Un exemple de rénovation durable

Comme les architectes tiennent à le souligner, le recyclage méthodique d'éléments de construction est une opération complexe, car il n'existe pas encore de système de certification des matériaux revalorisés pour leur réutilisation. Ceux-ci doivent donc être examinés par une équipe pluridisciplinaire et remplir un certain nombre de critères relatifs au coût, à la durée de vie, à la fonctionnalité et à la valeur esthétique. Une fois cette étape franchie, ils sont remodelés pour être installés dans un nouveau contexte. Pour l'immeuble de bureaux qu'ils ont réalisé à Oslo, Mad arkitekter a récupéré des dalles en béton d'un ancien bâtiment gouvernemental, des armatures en acier d'entrepôts et des garde-corps d'une piscine désaffectée. Les panneaux recouvrant les façades proviennent, quant à eux, d'un immeuble d'habitation construit il y a trente-cinq ans. Reprofilés pour leur nouvel usage, ils donnent, curieusement, une belle touche de modernité à l'édifice. Plusieurs éléments d'origine, comme les radiateurs, les portes et certains meubles, ont été soigneusement restaurés avant d'être remis en place.

Immeuble Kristian Augusts Gate 13, Oslo, Norvège, 2020

À Oslo toujours, un autre projet de réhabilitation mené par Mad arkitekter montre que même les bâtiments bien conçus et primés des dernières décennies ont parfois besoin d'une remise à niveau pour améliorer leurs performances environnementales. L'immeuble Grev Wedels, qui compte sept étages (et un sous-sol à trois niveaux) et abritait notamment l'Astrup Fearnley Museet, est en cours de rénovation pour optimiser son bilan carbone et offrir des espaces plus modulables. Tout en gardant les spécificités du plan d'origine, les architectes ont ajouté de nouveaux éléments, comme un majestueux escalier aux marches en terrazzo recyclé.
Ils ont également récupéré des carreaux, du marbre, des lavabos, des sanitaires, des blocs de verre et des casiers provenant du bâtiment lui-même ou d'autres chantiers en ville. Grâce à des panneaux solaires installés sur le toit et à des capteurs posés sur la grande verrière de l'atrium, le Grev Wedels produit intégralement l'électricité dont il a besoin.
La réhabilitation de ces deux immeubles montre que l'architecture peut faire évoluer durablement le patrimoine architectural d'une ville et contribuer à sa préservation.

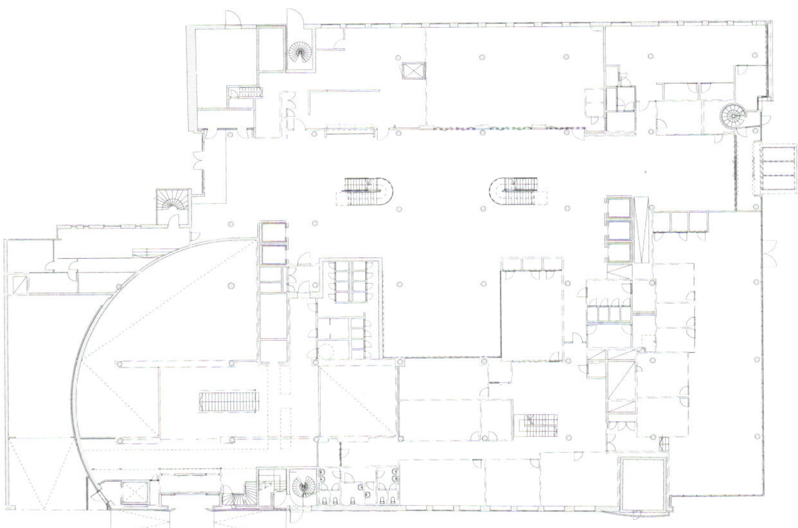

Immeuble Grev Wedels plass 9, Oslo, Norvège, 2024

MAD ARKITEKTER

Fondée en 1997 par Kurt Singstad, Trond Elverum et Nicolai Riise, l'agence norvégienne Mad arkitekter (auparavant Modern Architecture and Design) conçoit tous ses projets en tenant compte de l'environnement local, du climat et de la nature. Convaincus de la nécessité d'agir pour un monde durable, les architectes ont obtenu la reconnaissance de leurs pairs pour leur travail de réhabilitation et l'utilisation de matériaux revalorisés. Ils expliquent leur succès par le soin qu'ils prennent à intégrer chacun de leurs projets dans le paysage de la ville et du quartier, et par l'attention portée à leurs futurs occupants.

Immeuble Grev Wedels plass 9, Oslo, Norvège, 2024

Mikhail Riches

« La démarche consistait à garder autant que possible la structure existante et à la remettre en état selon les standards les plus rigoureux. » Annalie Riches et David Mikhail

Bâti au début des années 1960 par la municipalité de Sheffield, en Angleterre, le complexe de Park Hill avait été conçu comme un quartier autonome. Cet ensemble résidentiel dans le plus pur style brutaliste s'était dégradé au fil des décennies et avait évité de justesse la démolition grâce à son inscription en 1998 aux monuments historiques (c'est d'ailleurs l'édifice classé le plus vaste d'Europe). L'agence Mikhail Riches, qui a pris en main la phase 2 de la réhabilitation, de 2017 à 2022, a su rénover le complexe de manière judicieuse et nuancée pour le rendre compatible avec les exigences du développement durable sans altérer sa silhouette initiale. Dès le départ, l'idée a été de conserver ce mastodonte moderniste dans l'état le plus proche possible de ses origines. La seule démolition d'importance concerna la structure qui entourait les entrées d'immeuble, tandis que quelques appartements ont été supprimés afin d'élever la hauteur des halls. Les architectes ont conservé l'ossature du bâtiment ainsi que la maçonnerie en brique existante. Prolonger la durée de vie du complexe et mener à bien sa modernisation électrique, incluant sa connexion à une source d'énergie verte, ont été les deux priorités du chantier de rénovation. Les plans d'époque de la construction ayant presque tous été égarés, l'agence Mikhail Riches a d'abord procédé à un examen minutieux de la structure et des conditions thermiques. « Nous avons entrepris une étude de risque hygrothermique des murs extérieurs pour déterminer les moyens d'améliorer leur état et de limiter l'humidité », précisent Annalie Riches et David Mikhail.

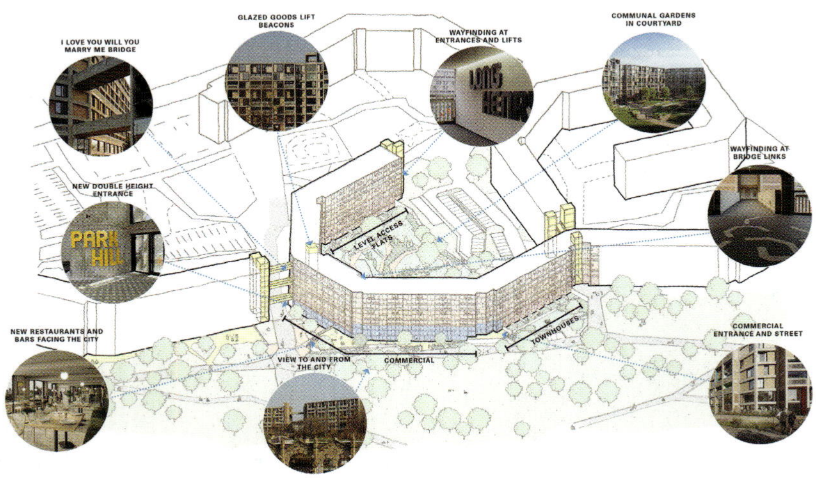

Park Hill, phase 2, Sheffield, Royaume-Uni, 2022

Un bâtiment plus performant et plus agréable à vivre

Le duo d'architectes s'est trouvé confronté à deux défis majeurs. Le premier consistait à cesser le gaspillage thermique. Bien que la structure en béton rigide de la façade fût à l'origine du froid ressenti à l'intérieur, une isolation par l'extérieur était exclue en raison du statut d'édifice classé. La seule alternative possible était de procéder à des changements au sein des appartements. Toutes les pièces ont donc été équipées d'un plafond et d'un plancher isolants. Par ailleurs, les architectes ont encastré les nouvelles fenêtres en alignant les chambranles sur les murs intérieurs, ce qui leur a permis de renforcer les rambardes et d'agrémenter les balcons de panneaux coupe-vent colorés. Grâce à des embrasures en aluminium, ils ont créé de la profondeur dans la façade et évité que la lumière naturelle ne pénètre trop directement dans les appartements. Ces modifications sont en parfaite harmonie avec l'esthétique des murs en brique, soigneusement décapés.

Le second défi de taille a été de repenser l'aménagement des appartements. Pour les mettre en conformité avec les normes et standards contemporains, et, plus prosaïquement, les rendre plus agréables à vivre, l'agence Mikhail Riches a décidé d'en transformer les plans en faisant abattre des cloisons. De vastes espaces intérieurs et des balcons agrandis améliorent le confort des quelque deux cents logements, malgré une hauteur sous plafond toujours limitée. Le terrain accidenté sur lequel le complexe a été bâti avait nécessité d'adapter ses contours, qui sont assez irréguliers. Une particularité qui affecte nettement la disposition des appartements : les architectes ont ainsi dû concevoir quarante arrangements différents pour l'ensemble de la résidence. Aucune de ces transformations n'a cependant dénaturé sa structure, ni son aspect extérieur.
Restauré avec minutie, cet ensemble brutaliste original a retrouvé son lustre d'antan. Des teintes subtiles peintes en dégradé sur les façades en atténuent le côté monolithique et massif, créant un rythme joyeux et chaleureux. La rénovation a été menée dans le respect de l'essence du projet initial ; seul l'impact environnemental de la résidence a changé. Cette réhabilitation réussie a valu aux architectes d'être invités à diriger les phases suivantes (4 et 5) : rénovation d'autres parties du complexe et ajout d'espaces commerciaux.

MIKHAIL RICHES

Annalie Riches et David Mikhail ont cofondé une agence d'architecture à Londres en 2015. Leur objectif? Construire des habitations et des quartiers qui soient « des lieux de vie intrinsèquement durables et agréables ». Le duo a une prédilection pour les projets à forte résonance sociale et environnementale dans des secteurs aussi divers que le logement, l'éducation, les bâtiments polyvalents, l'urbanisme, les loisirs et la rénovation. Tout ce qu'ils entreprennent est marqué du sceau de la durabilité. « Cela fait plus de vingt ans que nous repoussons les limites du développement durable en architecture, et nous sommes passés experts dans l'art d'intégrer l'environnement à nos projets : certaines ressources naturelles peuvent en effet optimiser les performances d'un bâtiment », déclarent-ils fièrement.

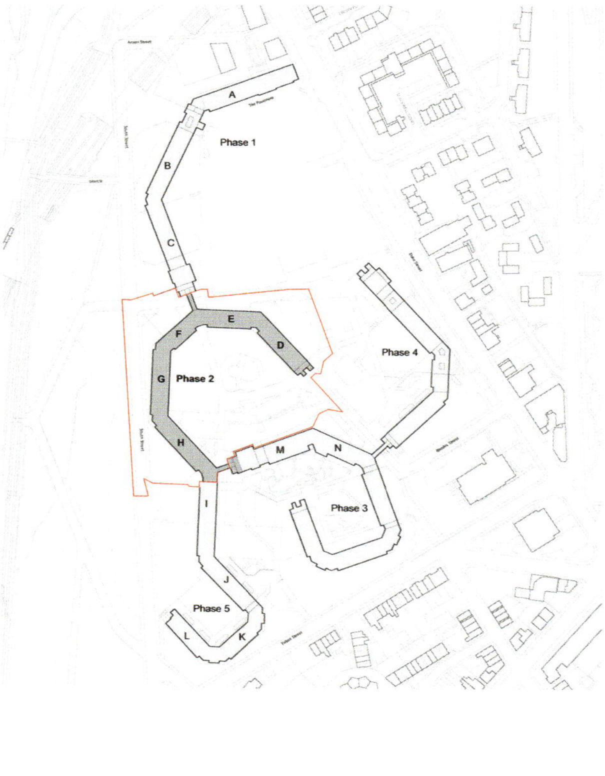

Park Hill, phase 2, Sheffield, Royaume-Uni, 2022

Office Winhov Van Hoogevest Architecten

« Nous voulons construire un avenir durable dans le monde tel qu'il existe. Cela implique parfois de réaliser de nouveaux édifices. Mais, le plus souvent, il suffit simplement de réutiliser un bâtiment existant. » Office Winhov

Pour les architectes d'Office Winhov et de Van Hoogevest, le développement durable ne se résume certainement pas à la maîtrise des sources d'énergie, à un choix responsable des matériaux ni à la réduction de l'impact des chantiers sur l'environnement. Leur démarche holistique leur interdit même de concevoir tout projet comme un élément à part dans le paysage, puisque celui-ci s'inscrit naturellement dans un ensemble plus vaste – rue, quartier, ville – auquel les architectes prêtent toujours la plus grande attention.
Leur philosophie de l'architecture se fonde sur l'idée que les édifices sont faits non seulement pour durer, même s'ils sont appelés à changer de fonction au cours du temps, mais aussi pour marquer l'histoire et le caractère particulier d'un lieu. Cette volonté s'accorde parfaitement avec l'ambition affichée par la municipalité du Helder, dans le nord des Pays-Bas, de redynamiser le site de l'ancien chantier naval royal de Willemsoord. Ce quartier portuaire en friche, qui incarne à lui seul la grande époque de la construction navale dans la région, est voué à jouer un rôle central dans la vie de la cité.
Il s'agissait de reconvertir deux bâtiments historiques : un hangar à mâts monumental du XIXe siècle, destiné à devenir le nouvel hôtel de ville, et une voilerie de la fin des années 1940, qui accueillera les services administratifs.
Avant de créer ces nouveaux espaces, Office Winhov et Van Hoogevest Architecten se sont mis à l'écoute des futurs utilisateurs pour que leur projet s'adapte parfaitement aux besoins d'une mairie. Le réaménagement a permis d'améliorer les performances énergétiques des bâtisses. L'isolation thermique de l'hôtel de ville a été optimisée et l'approvisionnement en électricité de l'ancienne voilerie est désormais autonome, grâce à une batterie de panneaux solaires installée sur son toit.

Hôtel de ville, Le Helder, Pays-Bas, 2023

Faire fusionner l'ancien et le nouveau

L'interaction harmonieuse, très élégante, entre les éléments architecturaux historiques et modernes est sans doute ce qui frappe le plus dans ce projet. Comme l'équipe de l'agence aime le souligner, « nous autres architectes croyons en la pertinence de solutions simples pour résoudre des problèmes complexes ».
Les concepteurs ont su trouver le juste équilibre entre les matériaux anciens et contemporains.
Si les changements sont certes visibles, le hangar à mâts a néanmoins conservé sa structure originelle spécifique. Sous les imposantes poutres en bois de la charpente, l'hôtel de ville abrite une longue allée intérieure sur laquelle donnent tous les services publics ainsi que la salle du conseil municipal, baignée de lumière naturelle grâce aux ouvertures pratiquées dans le toit.
Les tons neutres des murs de la salle des mariages offrent un contraste saisissant avec les vestiges de la construction d'origine. Une cafétéria et une salle de réunion, toutes deux très conviviales, constituent un autre exemple du rôle essentiel que joue la lumière dans la reconversion. Celle-ci ne sert pas simplement à créer une ambiance chaleureuse, elle aide aussi à mettre en valeur les volumes.
Les façades de l'ancienne voilerie ont quant à elles été égayées par l'ajout d'amples fenêtres aux cadres rouges – rappelant la brique de l'édifice originel. À l'intérieur, 250 postes de travail modulables bénéficient tous d'une vue panoramique sur l'ancien chantier naval.
L'armature en béton, véritable squelette de l'édifice, entoure un atrium qui s'élève sur trois étages et dessert des espaces communs et un centre de consultation des archives.
Si les deux bâtiments ont ainsi conservé leur place dans le paysage de Willemsoord, leur rénovation a donné une belle impulsion à la vie de quartier.
La vision globale du développement durable des architectes et l'importance qu'ils accordent au tissu urbain alentour laissent espérer un avenir prospère pour cette reconversion architecturale et pour ce quartier du Helder.

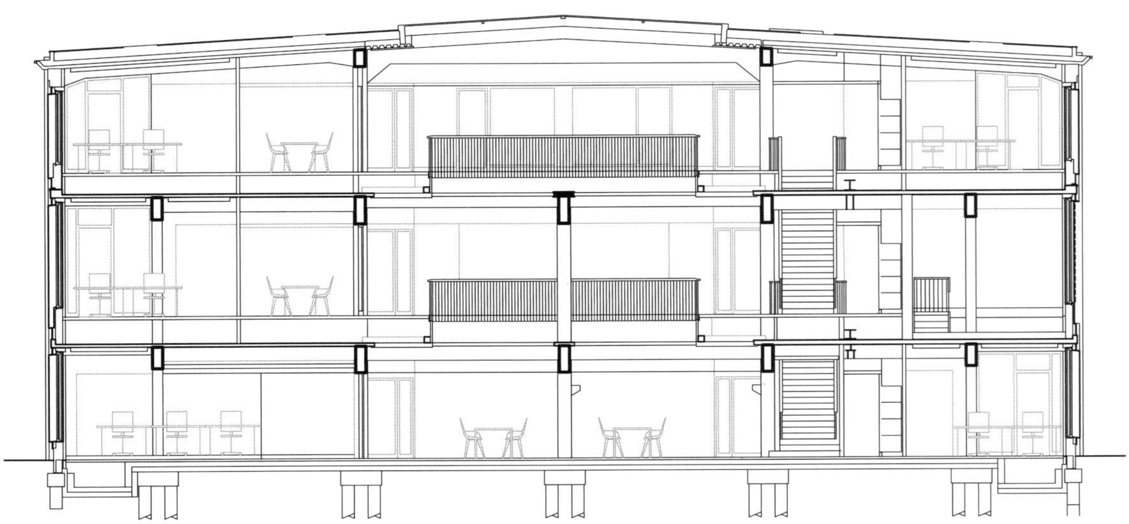

OFFICE WINHOV

L'agence Office Winhov, dont le siège est à Amsterdam, a été fondée par Uri Gilad, Jan Peter Wingender et le regretté Joost Hovenier. Ayant à ses débuts mené à bien plusieurs projets aux Pays-Bas, l'équipe, qui compte aujourd'hui vingt-cinq employés, opère désormais sur tous les continents. Des maisons individuelles aux ensembles à usage mixte et aux bâtiments publics haut de gamme, la longue liste des réalisations de l'agence a pour point fort la reconversion d'édifices anciens, voire classés. En parfaite harmonie avec leur environnement, leur architecture se démarque par l'attention portée aux matériaux. « Nous cherchons le bon équilibre entre simplicité et raffinement », clament les architectes.

VAN HOOGEVEST ARCHITECTEN

Fondée en 1909, l'agence Van Hoogevest Architecten est spécialisée dans la conception d'écoles et la restauration de bâtiments classés. « Œuvrer pour la préservation du patrimoine culturel néerlandais est devenu notre cœur de métier », soulignent les architectes. Guidée par un souci constant d'équilibre entre conservation et rénovation, l'équipe pluridisciplinaire de l'agence mène des recherches approfondies sur chacun des sites où elle est amenée à intervenir et s'attache en particulier aux enjeux de durabilité. L'objectif est de restituer leur splendeur aux édifices anciens en tenant compte de la spécificité de leur environnement. Une démarche attentive au moindre détail et que Van Hoogevest Architecten qualifie de « créativité réfléchie ».

Hôtel de ville, Le Helder, Pays-Bas, 2023

Ann Nisbet Studio

« Notre travail s'appuie sur le paysage, l'histoire et le contexte locaux, le climat et les personnes. »

Ann Nisbet et son équipe exercent en Écosse et au Royaume-Uni dans un domaine bien particulier : la construction de maisons et d'établissements communaux, au beau milieu de la campagne. « Nous avons déjà travaillé dans toute l'Écosse et sur ses îles, dont les îles de Skye, de Coll, de Tiree, d'Arran, et l'île Lewis et Harris », commente l'architecte. « Cela nous a permis d'acquérir de bonnes connaissances pratiques et de maîtriser la logistique spécifique à la réalisation de bâtiments dans des sites ruraux et insulaires. » Cette spécialisation atypique implique des études approfondies du contexte local afin de s'assurer que l'architecture s'intégrera au mieux dans le paysage, parfois littéralement. Une démarche qui a pris une dimension singulière dans le projet Cuddymoss, baptisé « maison pour un ornithologue ». Il s'agissait de réhabiliter un bâtiment en ruine dans le décor pittoresque du comté d'Ayrshire en lui donnant une allure contemporaine.

Servant autrefois d'étable, la structure originelle, en pierre et brique, a trouvé une nouvelle vie grâce à l'adjonction d'une partie moderne. Par sa chaleur et sa douceur, le bois laissé à l'état naturel choisi par l'architecte crée une belle unité entre l'ancien et le nouveau. Ann Nisbet qualifie ce projet d'intervention raisonnable, honnête et pleine de retenue. De fait, sa méthode consistant à « construire à partir d'une ruine » témoigne de l'attention qu'elle porte aux éléments préexistants, datant en l'occurrence des années 1800, et de son respect pour la nature environnante.

Cuddymoss, Ayrshire, Écosse (Royaume-Uni), 2023

Allier simplicité de l'ancien et confort contemporain

Quatre murs extérieurs en pierre, une dalle en béton, deux murs en brique qui isolaient le bétail et une cloison intérieure en pierre étaient les éléments de départ du projet. Ces vestiges ont été soigneusement répertoriés et évalués afin de mieux comprendre l'évolution de l'édifice au fil du temps, y compris ses modifications assez récentes réalisées avec des briques de l'Ayrshire. Puis l'architecte a décidé d'adjoindre une maison à ossature en bois à la structure existante en pierre et brique pour agrandir la surface disponible. Cette extension moderne, perpendiculaire à la construction initiale, offre une vue privilégiée sur le paysage alentour. Les deux corps de logis ont en commun un toit en pente et des murs aux tons neutres, dont les textures respectives contribuent à l'insertion dans la nature environnante. La partie ancienne est reliée à la nouvelle par un passage transparent, en verre, conçu comme un point d'observation vers l'extérieur. Sur la maison d'origine, restaurée, de nouvelles fenêtres ont été disposées en retrait par rapport aux murs, qui donnent à l'ancien une touche contemporaine. Sur le plan de l'efficacité énergétique, l'objectif principal était de garantir une isolation optimale, tant des murs que des fenêtres, dotées d'un triple vitrage et dont les grandes dimensions font entrer le paysage dans la maison. Le chauffage et l'aération sont assurés par une pompe géothermique et un système de ventilation mécanique avec récupération de chaleur. Un puits fournit de l'eau. Ces solutions conformes aux principes du développement durable permettent d'offrir un habitat de qualité, qui allie la simplicité de l'ancien et le confort contemporain.

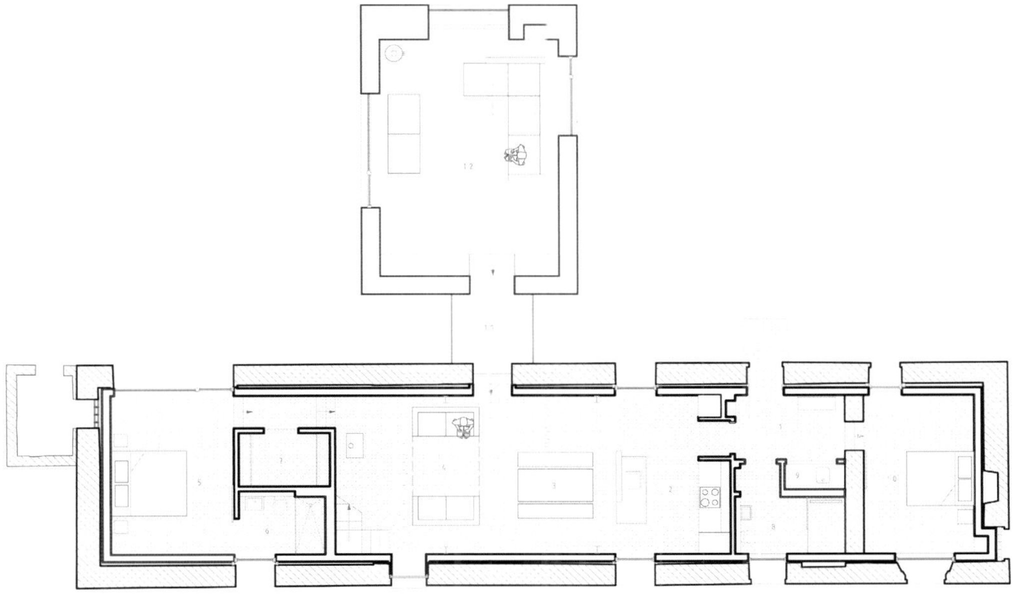

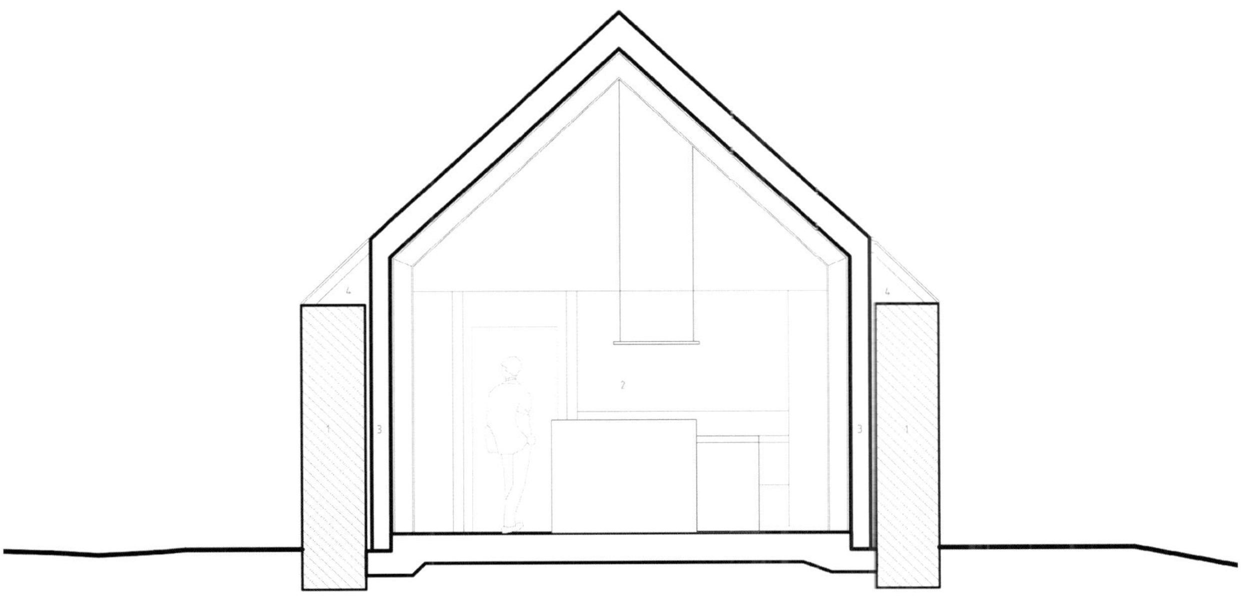

Cuddymoss, Ayrshire, Écosse (Royaume-Uni), 2023

ANN NISBET

L'architecte écossaise Ann Nisbet a ouvert son agence en 2013 après avoir travaillé au Canada et sur l'île de Skye, où elle a acquis une expertise reconnue dans le domaine de l'habitat rural et des espaces communaux. Installé à Glasgow, son studio d'architecture et de design s'est spécialisé dans le logement, notamment la maison particulière. Les projets qu'elle a réalisés sont marqués par une utilisation raisonnée des matériaux et une bonne connaissance du contexte local, notamment lorsqu'il s'agit de bâtiments reconvertis. Ann Nisbet est membre de l'Académie royale d'Écosse depuis 2021.

Domino
SUGAR
HAVEMEYERS & ELDER.
325KENT

PAU | Practice for Architecture and Urbanism

« Ce qui comptait vraiment pour nous, c'était d'exprimer l'idée du palimpseste, de garder ce qui s'offrait à nous sans être prisonniers de l'histoire. » Ruchika Modi

Une reconstruction-reconversion peut se transformer en un véritable casse-tête s'il ne reste qu'une coquille vide en lieu et place d'un bâtiment historique. C'était à peu près l'état de l'ancienne raffinerie de sucre Domino, commanditée par l'entrepreneur Theodore A. Havemeyer au XIXe siècle et dont la haute silhouette a longtemps marqué les docks de Brooklyn, à New York. Ses dimensions impressionnantes répondaient à la complexité des opérations de raffinage, qui nécessitaient de disposer d'un espace suffisant pour les machines assurant le filtrage, le traitement et le conditionnement du sucre.

Afin d'éviter de démolir la structure originelle (ce qui aurait entraîné d'infinies controverses), les architectes de l'agence PAU ont pris une décision pour le moins insolite : insérer un bâtiment neuf dans l'enveloppe historique, en ménageant un interstice végétal entre les deux.

Raffinerie de sucre Domino reconvertie en immeuble multifonctions, New York, États-Unis, 2023

Les façades en brique de la raffinerie, ainsi que les hautes fenêtres en arc de cercle qui les rythment ont été restaurées et consolidées. Ces ouvertures apportent à présent de la lumière naturelle aux plantes grimpantes et à l'immeuble contemporain, dont les usagers bénéficient en outre de vues sur l'extérieur, de tous les côtés. Les fenêtres du rez-de-chaussée ont été agrandies et transformées en portes vitrées afin d'ouvrir le site sur les rues avoisinantes et le quai qui le borde.

Redonner vie à un édifice emblématique

La solution de préserver les façades historiques avait pour avantage de laisser les architectes libres de déterminer la hauteur des étages et les aménagements intérieurs du nouvel édifice, totalement décloisonné. Le plan directeur imaginé par le fondateur du studio, Vishaan Chakrabarti, prévoyait un panachage d'espaces de bureaux, de logements sociaux, de commerces de proximité et d'équipements collectifs.
L'idée phare était de couronner l'ancienne raffinerie à la silhouette monumentale d'une gigantesque voûte en verre, posée sur la nouvelle structure. Offrant un panorama à couper le souffle sur Manhattan, l'East River et le nord de Brooklyn, cet espace totalement transparent est l'endroit idéal pour organiser des événements festifs.

Raffinerie de sucre Domino reconvertie en immeuble multifonctions, New York, États-Unis, 2023

Un mur pivotant permet de diviser l'étage sommital en plusieurs parties, selon les besoins (concerts, défilés de mode, banquets…).
L'allure ultracontemporaine de cette verrière arrondie répond aux gratte-ciel modernes des alentours, faisant dialoguer l'architecture historique des docks et les tendances actuelles.
Devant la paroi de verre, la longue cheminée en brique, vestige du passé industriel de la raffinerie, semble flotter.
Cette reconversion audacieuse est une réussite à tous les égards. Les murs de la raffinerie Domino, qui ont plus de 150 ans, sont toujours partie intégrante du paysage, tandis que la nouvelle construction offre des espaces de bureaux conformes aux conditions de travail du XXIe siècle.

PAU | PRACTICE FOR ARCHITECTURE AND URBANISM

L'agence new-yorkaise d'architecture et d'urbanisme est codirigée par Vishaan Chakrabarti, son fondateur et directeur artistique, et par Ruchika Modi, sa directrice générale. Leur équipe d'une trentaine d'employés s'attache à « développer des villes pérennes, équitables et agréables à vivre » à travers la recherche « d'un modèle vraiment probant ». La gamme de projets réalisés par ces architectes reflète leur volonté de promouvoir des constructions durables qui améliorent les conditions de travail et de production, accordant une place essentielle aux questions de responsabilité sociale, d'innovation thermique, d'équité et de modularité. Ils n'hésitent pas à décliner toute proposition qui leur semble contraire à leurs principes éthiques et environnementaux.

Reed Watts Architects Paddy Dillon

« Nous concevons les bâtiments en tenant compte de leur cycle de vie et adaptons notre vision aux besoins du projet : durabilité, reconversion ou déconstruction, selon le cas, afin de minimiser les émissions de carbone et le coût de chaque phase. »
Reed Watts Architects

Dès sa création, l'agence Reed Watts Architects s'est fixé l'objectif d'œuvrer pour le respect de l'environnement et de limiter son impact sur le climat en imaginant des immeubles destinés à durer. Les architectes sont convaincus qu'ils doivent donner l'exemple dans chacune de leurs réalisations afin de faire évoluer les mentalités. Les principes de l'économie circulaire appliqués à la construction sont au cœur de leurs projets, et les solutions qu'ils proposent leur ont valu la reconnaissance de la profession. Lorsqu'elle intervient sur un édifice existant, l'agence s'efforce d'adapter celui-ci, au moins partiellement, à ses nouvelles fonctions. Si sa conservation s'avère impossible, elle le remplace par une construction faite avec des matériaux renouvelables à faible émission carbone.

Tel est le modèle de la rénovation de la Roundhouse Works, dans le quartier londonien de Camden. Un corps de bâtiment autrefois occupé par une gare de triage accueille aujourd'hui un centre artistique spécifiquement conçu pour de jeunes utilisateurs. Sa façade arrondie à l'intersection de deux rues est posée sur un mur de soutènement en brique datant de l'époque victorienne, qui servait à surélever le sol pour l'adapter au niveau de la voie ferrée. Le revêtement de façade est d'ailleurs un clin d'œil à l'ancienne ligne ferroviaire.

Roundhouse Works, Londres, Royaume-Uni, 2023

Lorsque l'architecture industrielle se mêle à l'artisanat

Pour réaliser cette façade sur rue, l'équipe de Reed Watts Architects a ainsi récupéré des traverses de chemin de fer sur le réseau britannique. Elles sont toutes de même longueur, et leur bois, de l'eucalyptus australien, est suffisamment résistant pour ne pas être traité. La patine de ce revêtement extérieur pour le moins insolite s'accorde parfaitement avec le mur en brique. Si le choix de la structure et des matériaux reflète leur souci du détail, les architectes se sont également laissés guider par des questions pratiques telles que la volonté de limiter l'empreinte carbone du chantier ainsi que la charge du nouvel édifice sur les fondations. Ils ont répondu avec précision aux exigences du cahier des charges en matière d'esthétique, de coûts et de durabilité, mais aussi d'isolation acoustique et de sécurité incendie.

Vis-à-vis de ces contraintes, l'emploi de bois lamellé-croisé provenant d'une exploitation durable s'est avéré la meilleure solution, puisque les arbres utilisés ont absorbé au cours de leur vie 250 tonnes de CO_2. De plus, comme les architectes tiennent à le souligner, la qualité du matériau a permis d'alléger les finitions, le bois nu apportant une touche naturelle aux espaces intérieurs. L'omniprésence du bois, du plancher à la toiture en passant par le revêtement extérieur et l'aménagement intérieur, donne au bâtiment une grande unité esthétique et en fait un exemple de durabilité.

Au rez-de-chaussée, le centre culturel comprend des installations numériques de pointe pour les répétitions et les enregistrements, un atelier dédié aux séminaires de formation, des salles de réunion et un espace de travail loué à un prix abordable à des artistes indépendants. Le premier étage accueille un studio sur triple hauteur destiné aux arts du spectacle à grande échelle (notamment pour les artistes de cirque) et un studio à l'isolation acoustique parfaite réservé aux musiciens. Ces deux espaces sont installés dans de grands cubes en métal, semblables à des conteneurs d'expédition. Le contraste saisissant qu'offre la juxtaposition du bois et du métal est quelque peu adouci par un dessin similaire : de longues bandes verticales. Le design architectural de la Roundhouse Works a été entièrement conçu en partenariat avec l'agence Paddy Dillon Architect.

REED WATTS ARCHITECTS

Fondée à Londres par Jim Reed et Matt Watts en 2015, Reed Watts Architects travaille sur des projets de dimensions très variées, de la maison particulière aux bâtiments publics ou à vocation culturelle. Ils ont effectué de nombreuses interventions sur des édifices classés, dans des aires protégées et des environnements fragiles. Les architectes sont convaincus que les structures existantes ont une valeur essentielle quant à la mémoire des lieux et que les préserver contribue à un avenir décarboné. Engagée pour le développement durable sous toutes ses formes – écologique, social et même économique –, l'agence est signataire de l'initiative « UK Architects Declare Climate and Biodiversity Emergency » (« Les architectes britanniques déclarent l'état d'urgence en matière de climat et de biodiversité »).

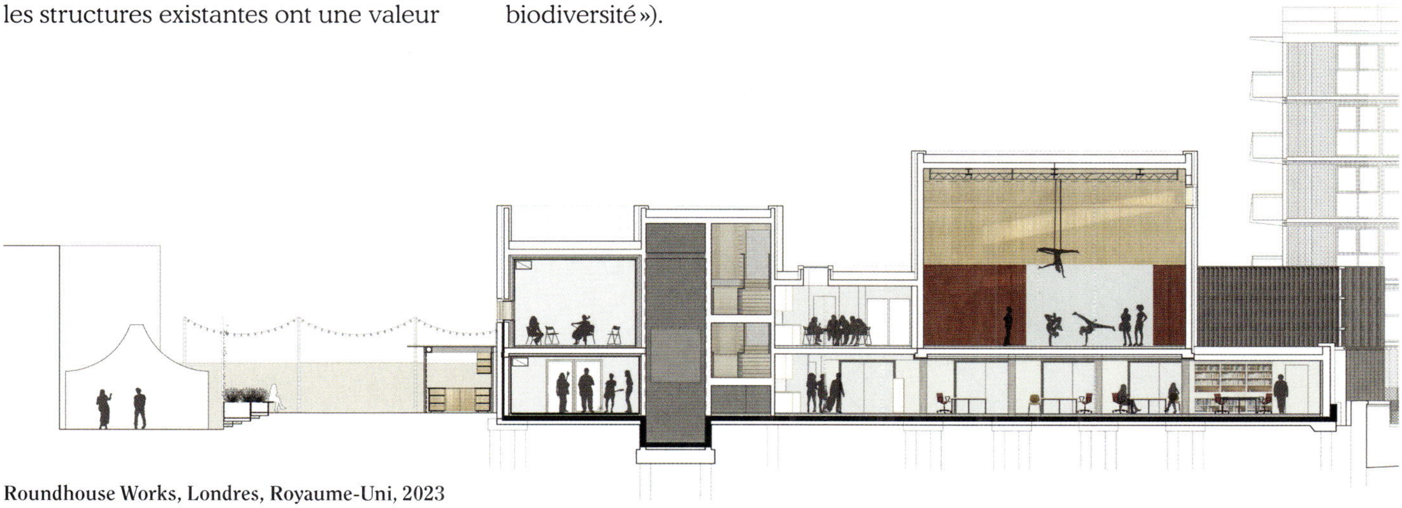

Roundhouse Works, Londres, Royaume-Uni, 2023

McCullough Mulvin Architects

« Notre travail s'appuie sur des principes de conception durables pour les gens et un respect de la culture matérielle. »

Pour leurs travaux de rénovation sur des édifices historiques, les architectes de l'agence irlandaise McCullough Mulvin se laissent guider par leur étude approfondie du contexte local et de la culture matérielle propre au site. Ils commencent donc par consulter les archives et analyser en détail l'état de la construction. Le but de tous leurs projets de conservation est de « trouver le juste équilibre entre un tissu architectural ancien à préserver et les modifications nécessaires pour l'adapter à notre époque ».

L'une de leurs interventions a porté sur une caserne militaire du XIXe siècle, située à proximité du centre-ville de Dublin. Il s'agissait de donner une seconde vie à ce complexe en le restaurant et en le transformant en un lieu qui permette de stocker les archives militaires nationales et de les consulter. La structure originelle comprenait un terrain de parade et des baraquements alignés le long d'une allée. La réaffectation de la caserne impliquait d'y ajouter plusieurs extensions. Par leur aspect, ces nouveaux édifices, construits dans des matériaux harmonieux, aux teintes subtiles, se fondent dans le bâti ancien, avec lequel ils instaurent un dialogue fructueux. Si l'édification de ces annexes contemporaines était inévitable pour une reconversion réussie du site, l'âme du lieu et son cachet historique devaient aussi être préservés. Justement dosée et dépourvue d'éléments superflus, la rénovation allie élégamment l'ancien et le nouveau.

Archives militaires nationales, caserne Cathal Brugha, Dublin, Irlande, 2016-2018

Adjoindre du neuf à l'ancien

Dans un premier temps, le bâtiment destiné à accueillir les archives militaires est restauré. Un système d'aération adapté à la conservation des 67 000 cartons d'archives, y est installé. Une salle de lecture, adossée à une bibliothèque publique, complète le dispositif. Cette partie de la caserne abritait autrefois un hôpital en pierre et brique, ce dernier matériau étant choisi pour les nouvelles constructions. L'aspect extérieur sévère et quelque peu monolithique du bâtiment initial est adouci par le jeu des différentes couleurs de briques sur la façade, tandis que l'intérieur, recouvert de bois, offre une atmosphère chaleureuse. L'entrée, entièrement vitrée et facile d'accès, lui donne un air contemporain. Les architectes de l'agence mettent également en avant « la cour en coude, spectaculaire », qui relie désormais le nouveau et l'ancien.

Le plan de l'édifice neuf, sur deux étages, destiné à abriter un laboratoire de conservation et des bureaux administratifs, se calque sur celui des archives. L'ensemble partage un revêtement extérieur en brique similaire. « Le nouveau bâtiment a été conçu pour s'intégrer en douceur dans la typologie de la caserne », expliquent les architectes, qui ont néanmoins doté sa toiture de lucarnes en saillie. Faisant écho au rythme de l'architecture voisine, ce détail contemporain favorise l'unité architecturale entre ancien et nouveau.

MCCULLOUGH MULVIN ARCHITECTS

Installée à Dublin, l'agence McCullough Mulvin Architects a été cofondée en 1986 par Valerie Mulvin et le regretté Niall McCullough. Elle a conçu des équipements éducatifs, culturels, de santé, des logements, des bureaux et des hôtels, tant en Irlande qu'à l'étranger. L'équipe d'architectes aime entremêler constructions nouvelles et bâtiments anciens dans le respect des sites historiques, préservés sans pour autant renoncer aux techniques innovantes. Très réussis, les projets de reconversion menés par McCullough Mulvin sont devenus des modèles d'architecture pérenne. Les deux fondateurs ont également écrit de nombreux articles sur la conservation du patrimoine irlandais, participant ainsi au débat sur le sujet.

Archives militaires nationales, caserne Cathal Brugha, Dublin, Irlande, 2016-2018

L'ARCHITECTURE DE DEMAIN

Ce chapitre est consacré aux projets à venir. Plusieurs constructions en cours proposent des solutions de développement durable très prometteuses, qui, espérons-le, deviendront bientôt la norme. De nombreux architectes tendent aujourd'hui à repousser les limites du possible et placent la barre des exigences environnementales toujours plus haut. L'évolution de la discipline vers un modèle respectueux de la planète est définitivement amorcée. Si l'on songe à l'impact de la construction à l'échelle mondiale, le futur de la Terre et le nôtre en dépendent. Il est encore difficile de prédire quelles alternatives s'imposeront dans les prochaines années, mais celles présentées dans les pages suivantes reçoivent un accueil favorable des professionnels et du public – un signe encourageant qui atteste d'un changement fondamental des paramètres liés à notre conception de l'architecture.

D'autres projets mis en avant dans ce chapitre ne sont qu'à l'état d'ébauches, dans l'attente de leur matérialisation. Certains sont en phase d'expérimentation, d'autres seront rapidement mis en chantier. Tous témoignent de l'inventivité de leurs concepteurs et sont porteurs d'avenir car ils se placent sous le double signe de l'innovation et de l'optimisation des ressources. La démarche holistique qu'adoptent la plupart des architectes, souvent inspirés par la nature et par un respect accru pour l'environnement, semble être la voie royale de l'architecture durable. L'époque n'est plus au tape-à-l'œil ni à l'excentricité formelle, même si certaines réalisations sont spectaculaires : les architectes s'attachent désormais à trouver des réponses pratiques aux problèmes qui affectent nos sociétés contemporaines et à les partager avec leurs pairs aux quatre coins de la planète. Les enjeux sont considérables. Les visionnaires qui façonnent aujourd'hui l'architecture de demain ont besoin d'être entendus et compris.

Koichi Takada

« Pour l'avenir de notre planète, nous devons renoncer à l'ère industrielle et nous rapprocher de la nature. Nous avons besoin d'une architecture cinétique et vivante qui respecte l'environnement tout en améliorant le bien-être des humains. »

Les constructions visionnaires de Koichi Takada sont le fruit d'une connaissance approfondie de l'univers végétal et minéral. Elles dénotent aussi un sens aigu de l'observation. Élaborées dans le moindre détail, elles transposent la virtuosité de la nature dans le langage propre à l'architecture. Arbres, cascades, grottes ou falaises sont autant de sources d'inspiration qui permettent à l'architecte de concevoir des espaces originaux. Certaines textures végétales, tout comme la palette de couleurs d'un paysage, déterminent ainsi l'orientation d'un bâtiment. Ses recherches ne se limitent cependant pas aux formes organiques les plus évidentes, elles incluent également le biomimétisme et l'adaptation au milieu. Dans le même temps, Koichi Takada prête une attention particulière aux rapports que nous entretenons avec les édifices. Il est notamment soucieux de la façon dont le soleil les éclairera tout au long de la journée.

L'esthétique résolument organique que développe ici Koichi Takada transforme la qualité de vie des habitants et leur relation à l'architecture. Souvent agrémentées de verdure, les façades s'apparentent à un petit écosystème grâce à un dispositif astucieux de récupération des eaux. Cette végétalisation, adaptée aux conditions climatiques, joue aussi un rôle fonctionnel : des plantes luxuriantes sur les murs ou une cascade contribuent à la régulation thermique en zone tropicale. Les éléments architecturaux sont entremêlés à la nature afin d'offrir un équilibre entre le milieu ambiant et l'intervention humaine. L'architecte déclare avec assurance : « Les grands bâtiments peuvent toucher la terre avec légèreté, et d'humbles habitations peuvent induire des changements positifs dans notre mode de vie. » La façon dont les constructions interagissent avec leur environnement n'est pas non plus négligeable, surtout dans un contexte urbain où, selon Koichi Takada, « la structure organique des édifices est un impératif de développement durable ».

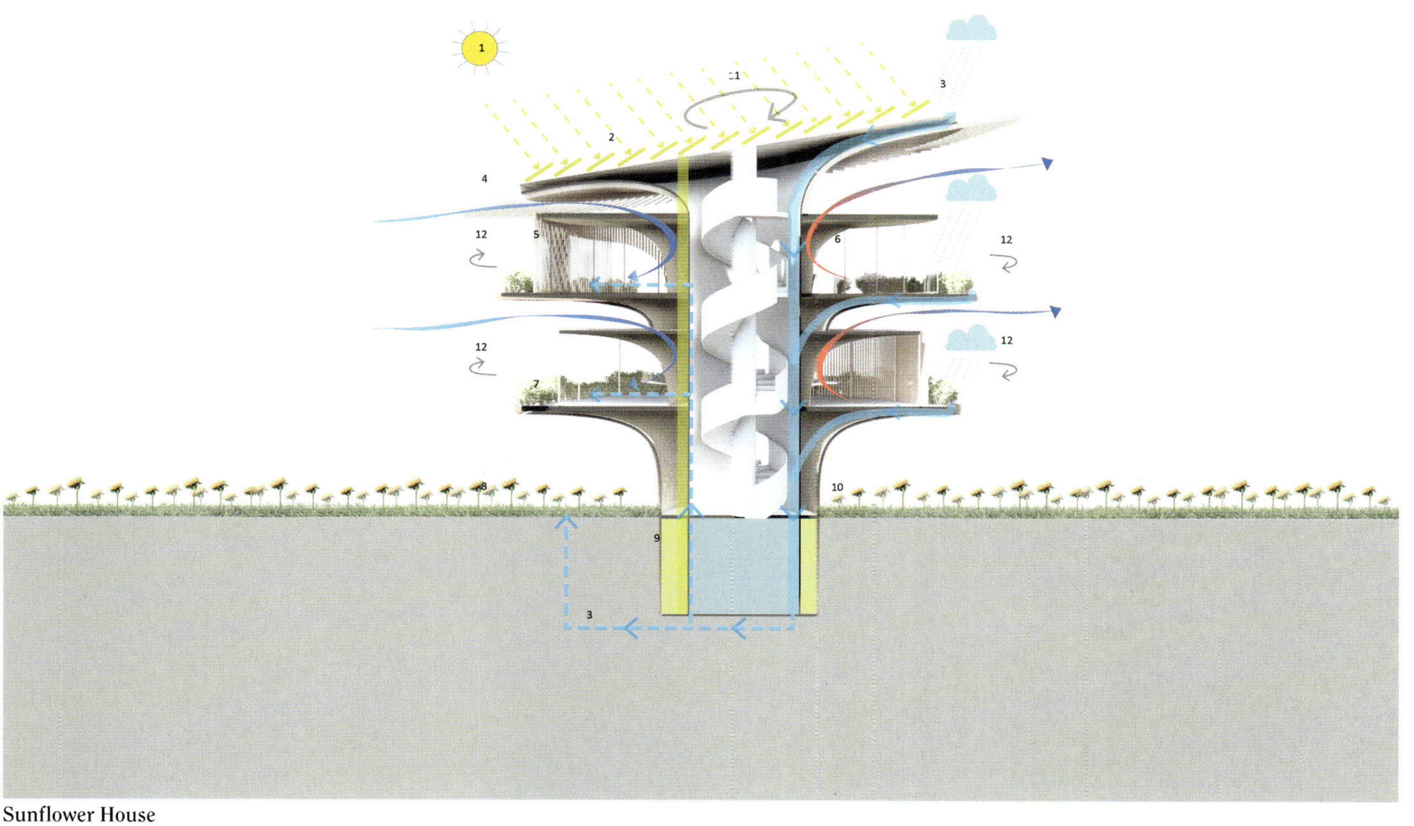

Sunflower House

Recourir au soleil pour atténuer les effets du changement climatique

Koichi Takada ne se contente pas d'imiter les formes naturelles, il opte aussi clairement pour une architecture cinétique. La Sunflower House est, de ce point de vue, la quintessence de son œuvre et de sa philosophie. Sollicité par Bloomberg Green, une agence de presse spécialisée dans les questions environnementales, l'architecte a relevé le défi de concevoir une habitation sous le signe d'un avenir plus vert.
Le modèle de demeure familiale qu'il a imaginé en Ombrie, dans le centre de l'Italie, se présente et fonctionne comme un tournesol (*sunflower* en anglais). Il s'inscrit parfaitement dans le cadre champêtre de la région, connue précisément pour ses champs de tournesols et pour les vagues de chaleur qui la traversent. Le mimétisme floral permet également de réduire la surface au sol du bâtiment et, ainsi, de limiter son impact sur la biodiversité. « L'incidence sur le terrain est restreinte au minimum, afin que la terre serve à d'autres activités », souligne l'architecte, qui ajoute : « En même temps, le toit bouge comme par magie pour recueillir le maximum de lumière solaire. » La structure circulaire sera de fait construite autour d'une « tige » rotative recouverte de « pétales ». Ces derniers sont équipés de disques qui déterminent l'inclinaison idéale pour capter les rayons du soleil et produiront ainsi 40 % d'énergie de plus que des panneaux solaires classiques (statiques). Le périmètre très large de la toiture offre en outre un pare-soleil aux baies vitrées des étages inférieurs, complété de stores mobiles qui protègent les murs des radiations solaires durant les heures chaudes. Les principes de l'habitat passif contribueront donc à améliorer le confort intérieur. Par ailleurs, l'eau de pluie recyclée servira aux toilettes et à l'irrigation du jardin.
Le modèle de la Sunflower House peut être développé sur une hauteur maximale de trois étages, avec un appartement de trois ou quatre pièces par niveau. L'architecte imagine, pour l'avenir, de vastes étendues où s'aligneraient des habitations éclairées grâce à la lumière solaire.

KOICHI TAKADA

Après des études d'architecture à Tokyo, New York et Londres, Koichi Takada a ouvert en 2008 une agence à Sydney, en Australie. Fervent partisan de la revégétalisation des villes, il s'attache à recréer un lien entre la nature et les hommes dans tous les bâtiments qu'il conçoit. La démarche globale de l'architecte est guidée par son souci d'instaurer des relations harmonieuses entre les paysages et les édifices, tout en gardant à l'esprit le confort et le bien-être des habitants. Chaque projet est scrupuleusement adapté au lieu dans lequel il sera implanté et à ses traditions architecturales.

Sunflower House

SOM

« Notre projet associe une nouvelle vision du design, des solutions pratiques inspirées de la nature et des technologies émergentes d'absorption du carbone, le tout intégré de manière inédite dans le bâtiment. » Yasemin Kologlu

Que se passerait-il si les édifices agissaient sur l'environnement de la même manière que les arbres ? Les architectes de SOM se sont efforcés de répondre à cette question en imaginant Urban Sequoia™, un immeuble capable d'absorber le carbone et de purifier l'air pour régénérer le milieu ambiant. En réponse au changement climatique, l'agence a mis au point des procédés innovants afin de réduire durablement l'empreinte carbone de ses constructions. Un groupe d'experts en son sein a tenté d'évaluer les émissions d'un bâtiment tout au long de son cycle de vie, du lancement du chantier à sa reconversion. Au terme de leurs recherches, les architectes sont parvenus à la conclusion qu'un objectif « zéro carbone » ne suffit pas pour produire une action marquante sur le réchauffement global. L'idée a alors émergé de concevoir des édifices éliminant le CO_2, qui aideront à inverser les conséquences du dérèglement climatique en ville.

« Nous devons supprimer le carbone de l'atmosphère par le biais de l'architecture et nous avons créé un modèle à suivre », explique Chris Cooper, l'un des associés de l'agence. Les principes qui sous-tendent le concept d'Urban Sequoia™ sont conformes aux attendus du développement durable : une conception optimisée du projet, un nombre réduit de matériaux, de préférence d'origine naturelle, le recours à la biomasse pour l'énergie, et des technologies d'élimination du carbone. L'un des objectifs est d'augmenter la durée de vie des bâtiments grâce à un aménagement intérieur et extérieur facilement modulable. Les espaces doivent pouvoir être transformés sans contrainte particulière pour faire évoluer l'édifice au gré des besoins. Les architectes vont encore plus loin en limitant au maximum l'impact environnemental durant la construction et en améliorant la captation carbonique des matériaux.

Urban Sequoia™

Une architecture sans aucun impact environnemental

Urban Sequoia™ est une expérience concluante puisque les émissions de CO_2 durant la construction seraient inférieures de 70 % à celles d'un chantier « classique ». L'objectif « zéro carbone » pourrait être atteint en seulement cinq ans. Selon ses concepteurs, le bâtiment absorberait, s'il atteint une durée de vie de 100 ans, plus de 300 % du carbone émis lors de son édification et de son utilisation quotidienne. Les architectes recourent à un béton bio révolutionnaire, à base d'algues, que l'agence SOM a développé en partenariat avec la société Prometheus Materials : en reproduisant des phénomènes naturels (photosynthèse et minéralisation des éléments), ce béton réussit à capturer le carbone. « Grâce à la biomasse et aux algues intégrées, les façades pourront produire un biocarburant permettant d'alimenter le réseau de chauffage central, les avions ou les voitures. Elles fourniront une source de protéines exploitable par de nombreuses branches de l'industrie », estiment les architectes. Ce béton bio, qui peut être produit dans une palette étendue de couleurs et de textures, se laisse aisément façonner. Par ailleurs, le fait d'employer un nombre restreint de matériaux, précepte cher à l'agence, conduit les architectes à simplifier des systèmes de ventilation et de chauffage souvent coûteux. Des dalles spécifiques permettent d'installer des conduits dans les planchers, l'air circulant par des interstices entre les dalles et le revêtement en bois qui les recouvre. Des jardins suspendus capteront l'air frais, que des cavités situées au cœur du bâtiment aspireront grâce à un effet de cheminée. Le nombre de matériaux et d'équipements nécessaires en sera radicalement allégé. Le dispositif est opérationnel dès aujourd'hui, et l'on peut espérer qu'il deviendra un incontournable de l'architecture urbaine dans un avenir proche.